CIVILIZACIÓN DEL AMOR

UNA FAMILIA LLENA DE AMOR

LAS ENSEÑANZAS DE SAN PABLO II

*"La corriente principal de la civilización
del amor corre a través de la familia"*
- Juan Pablo II

CIVILIZACIÓN DEL AMOR

UNA FAMILIA LLENA DE AMOR

LAS ENSEÑANZAS DE SAN PABLO II

KATARZYNA DOROSZ

Me gustaría dedicar este libro a todas las familias, mujeres, hombres, niños y adultos mayores. Que la luz de las enseñanzas de la Iglesia moldeen sus corazones, mentes y personalidades. Usando las palabras de Juan Pablo II y todos los Dignatarios de la Iglesia, me gustaría expresar mi gratitud por traer a la vida la Gran Familia de la Iglesia.

Agradecimiento especial a:
- Su Excelencia Arzobispo Christophe Pierre,
- Nuncio Apostólico de los Estados Unidos de América
- Muy Reverendo Bao Thai, Rector de Cristo
- Catedral Diocesis de Orange, California
- Monseñor Juan Pablo Pedrera,
- Misión Diplomática de Holy See (Vaticano)
- Monseñor Séamus Horgan, Jefe adjunto de Misión,
- Prelate Bogdan Bartold
- Padre Maciej Jaszczołt

Ellos también me apoyaron a través de sus esfuerzos publicitarios:
Padre Dr. Adam M. Filipowicz y padre Edmund Szaniawski

Me gustaría dedicar este libro a mi hijo, Damian. A través del descubrimiento de la verdad acerca del hombre, que envuelvas a todos en amor y paz.
Al dar amor y apoyo a otros, que encuentres el camino a la paz.
Trae felicidad a otros y tú serás feliz.

Introduccion

El Papa Juan Pablo II nos dió unas percepciones valiosas a considerar, cuando nosotros intentamos entender lo que constituye los pactos del matrimonio, la relación fundamental de un hombre y una mujer, el rol y valores de la Familia, y el rol esencial de hijos y adultos mayores, en nuestra sociedad.

Es una guía auténtica e infalible para el entendimiento de la esencia del Amor, la cual es la única necesidad verdadera existencial de la existencia humana. Esta recopilación esencial de estas 'perlas de sabiduría divina' son capturadas y presentadas ante el lector en este libro esencial, el cual es apropiadamente titulado la "Civilización del Amor".

No es fácil capturar la esencia y substancia encíclica papal y aún capturar su esencia, inalterada en rendición, pero aún en un formato digerible para el lector promedio.

La Sra. Katarzyna Dorosz ha alcanzado el éxito en este sentido.

La familia es el fundamento de nuestra sociedad y con eso, el rol del Amor en guiar todas las etapas de nuestra vida desde nacimiento hasta fallecimiento son claramente articuladas por este gran Papa Polaco quien hasta ahora ha ganado su seudónimo, "Papa de la Familia". Por lo tanto también el subtítulo de este libro, "Una Familia llena de Amor".

El libro está dividido en capítulos digeribles claros, cada uno aborda el curso de la existencia humana.: Ecce Homo (el cual aborda la condición global de la Humanidad), Mujer, Hombre, Matrimonio, Familia, Niño, Adulto mayor.

En cada capítulo, las palabras del Papa son claramente representadas, y el texto intermedio del autor, sirviendo para introducir y clarificar elegantemente sin parecer intrusivo de ninguna manera.

Para poder desarrollar el mejoramiento y entender el rol que jugamos en la vida, cada persona necesita un esquema de referencia, a 'vade mecum' de valores morales internamente consistentes con la filosofía de Fe y la Iglesia.

Sobre todo, si hay un mensaje de to todos sus encíclicas, este Papa sostuvo la dignidad esencial dada por Dios a hombres y mujeres, desde el momento de concepción, origen y nacimiento hasta su paso a la edad mayor, y su muerte natural.

Él llamó esto la "civilización del amor". Si vamos a crear un mundo en el cual hay siempre multiplicándose "familias llenas de Amor", nosotros debemos digerir e internalizar el mensaje contenido en este libro.

Muy Reverendo Bao Thai
Rector de la Catedral de Cristo
Diocesis de Orange, California

En muchas sociedades, especialmente en el mundo occidental, hay una disputa acerca de la identidad humana, acerca de la redefinición del matrimonio y la familia. Demandas se hacen por los derechos de uniones del mismo sexo y la ideología de género es promovida. Un matrimonio tradicional, establecido por siglos como una unión entre un hombre y una mujer, parece estar seriamente amenazado hoy en día y necesita apoyo especial. La situación pueda que parezca análoga en la cual el Cristianismo primitivo se desarrolló en un mundo cargado por la tradición y cultura y creencias paganas de la antigua Grecia y Roma. Matrimonios Cristianos y familias, también, aunque ellos se desarrollaron y fueron formados en el espíritu de las enseñanzas bíblicas, especialmente la teología de San Pablo el Apóstol, tuvo que enfrentar dificultades de la vida diaria lejos de ideales Cristianos. En lo que concierne a problemas específicos, el carácter monógamo de relaciones matrimoniales, la posibilidad de casarse nuevamente o poligamia, problemas de divorcio y disolución de relaciones fueron questionadas. Importantes preguntas de ética y moralidad fueron hechas en coneccion con promiscuidad, adulterio o engaño, de la misma manera que problemas y conectados con los ancianos y solitarios, con viudas, o en conección con la práctica entre paganos abandonando hijos o abortando fetos. Sin embargo, sería imposible no abordar la primera pregunta de fundaciones antropológicas, la naturaleza del hombre como tal, y visto en la distinción entre hombre y mujer. El sínodo de Obispos en la Familia, los cuales concluyeron en Roma en el otoño del 2015, señalaron en su documento final un número de problemas y amenazas contemporáneas.

Un reto cultural de gran importancia emerge hoy de la ideología de "género" la cual niega la diferencia y natural y complementaria del hombre y la mujer. Representa una sociedad sin diferencias de género y trivializa las bases antropológicas de la familia. Esta ideología introduce *proyectos educacionales y normativas legislativas que promueven identidad personal y relaciones emocionales en completo menosprecio de las diferencias biológicas entre hombre y Mujer. La identidad de una persona depende de la elección individualista, que también puede cambiar con el tiempo. A los ojos de la fe, las diferencias sexuales entre personas son imagen y semejanza de Dios (Génesis 1:26-27).*

"Esto nos dice que no solo es el hombre a la imagen de Dios, no solamente es la mujer a la imagen de Dios, sino que el hombre y mujer como pareja son la imagen de Dios. La diferencia entre hombre y mujer no es oposición o subordinación, pero para unidad y procreación., también a la imagen y semejanza de Dios (...) Podemos decir que sin enriquecimiento mutuo en esta relación - en pensamiento y acción, en afecto y trabajo, también en fe - dos no pueden siquiera comprender lo que significa ser un hombre. Pero también ha introducido muchas dudas y mucha incredulidad (...). La remoción de diferencia (...) crea un problema en vez de una solución". (Francis, Audiencia General, 15 de Abril, 2015).[1]

Se espera que, así como la Cristianidad gradualmente transforma la mentalidad y cultura de los individuos y sociedades enteras en los primeros siglos, entonces continúa teniendo este potencial, el que necesita ser nutrido y constantemente despertado, en la edad de cambios contemporáneos y amenazas. Para poder definir apropiadamente, entender y desarrollar a uno mismo, el hombre necesita referencia permanente, valores invariables y una firme fundación antropológica internamente consistente, los dos en base a filosofía y teología. Las enseñanzas de San Juan Pablo II, cuyo legado como papa es impresionante, incluyendo encíclicas, exhortaciones, cartas, homilías, Miércoles de catecismo o audiencias, son una ayuda invaluable en este sentido. Cuánto esfuerzo puso el papa en promover personalismo basado en Cristianidad, defendiendo la dignidad del hombre y la mujer, defendiendo la dignidad de los seres humanos desde la concepción hasta muerte natural y promover y construir una "civilización del Amor"[2] en el mundo? Por ejemplo, basta citar un pasaje de la exhortación apostólica Familiaris consortio [22], donde Juan pablo II enfatiza la igualdad del hombre y la mujer y el rol del Cristianismo ha jugado atribuyendo valora la dignidad de los dos:

---

[1] Sínodo de los Obispos. XIV Asamblea General Ordinaria, *Informe final del Sínodo de los Obispos Para el Santo Padre Francisco (24 de octubre de 2015)*, 8, Libreria Editrice.

[2] Es imposible nombrar y analizar todas las enseñanzas de Juan Pablo II aquí, pero vale la pena recordar sus lecciones en este tema, el cual nos dió Karol Wojtyla en la Universidad Católica de Lublin los cuales fueron después reflejados en publicaciones traducidas a otros idiomas: K. Wojtyła, Osaba i czyn oraz inne studia antropologiczne (Persona y Hechos, y otros estudios antropológicos), 3ra ed, Lublin 1994; Milosc i odpowiedzialność (Amor y Responsabilidad), Lublin 2015 (1ra ed, 1960); Rozważania o istocie człowieka,, (Reflexiones sobre la esencia de un humano) Kraków 1999.

[3] Jan Pawel II, Familiaris consortio. Exhortación Apostólica de las responsabilidades de una familia Cristiana en el mundo moderno, Warszawa 2007, 22, pp.51-52.

La dignidad y responsabilidad de la mujer, igual a las de los hombres, deberá sobre todo ser enfatizada . Esta igualdad es realizada en particular en el regalo, apropiado para matrimonio y para la familia, de uno mismo al esposo y de uno mismo a los dos hijos [...] Dios otorga dignidad personal al hombre y la mujer en igual medida, enriqueciéndoles con los inalienables derechos y tareas responsables apropiadas a la persona humana. [El Apostol Pablo diría: "Todos ustedes…a través…de la fe son hijos de Dios - en Christo Jesus… Ya no hay Judios o paganos, ya no hay esclavos o hombres libres, ya ho hay hombre o mujer, porque son uno en Cristo Jesús."

La siguiente publicación, *Civilización del Amor. Una familia llena de amor*, escrita por Katarzyna Dorosz, es un tipo de recopilación de las declaraciones de filosofía y teología del hombre de Juan Pablo II, el matrimonio y la familia. Después de recordar la biografía del Papa, pensamientos seleccionados de su Mentor (el Bendecido Cardenal Stefan Wysznki, Primate del Milenio) y datos interesantes acerca de la vida de Juan Pablo II en el capítulo Totus Tuus, el autor presenta las enseñanzas del papa organizadas temáticamente en los siguientes capítulos: *Humano, Mujer, Hombre, Matrimonio, Familia, Hijo, Adulto mayor.*

En esta recopilación, a través de su investigación extensiva Katarzyna Dorosz permite al Lector familiarizarse con las enseñanzas del Papa en un tema particular de interés. Ella lo hace tan sutilmente y delicadamente que ella no subordina fragmentos particulares de las enseñanzas de Juan Pablo II a un análisis más profundo y su propia evaluación, pero lo deja a la reflexión y evaluación personal de cada todos los que se atreven y desean leer lo que no solamente vale la pena salvar del olvido pero también reconociendo como verdad y haciéndolo una base para enseñanza y cumplimiento en la vida. Por lo tanto, permitan que esta publicación sea una contribución para el regreso de la belleza de pensamiento y la riqueza de la enseñanza de San Pablo II y permítanos asumir nuestros propios estudios a profundidad de problemas individuales, los cuales también van más allá del tema de este libro, para poder encontrar respuestas a preguntas importantes que intrigan a un hombre contemporáneo.

Padre Adam M. Filipowicz

Civilización del Amor.
Una Familia Llena de Amor

San Juan Pablo II, conocido como el Papa de la Familia, en su enseñanza muestra la belleza de la familia, su valor y rol en construir una civilización de amor. En las páginas de este libro encontramos un simple estudio de las más importantes declaraciones de San Juan Pablo II. Ellas tratan el matrimonio como un pacto de amor, hablan sobre las riquezas de la familia, acerca del rol del hombre y mujer, acerca del tesoro más grande el cual es un hijo, acerca de los ancianos y familiares. El círculo de la familia extendida hace posible darse cuenta de la más grande necesidad del corazón humano, el cual es el amor. Una buena selección bien escogida de abundantes citas de las enseñanzas del Papa acerca de la familia anima a leer y ayuda a entender lo que se debería de hacer para que la vida en la familia sea una fuente de felicidad para padres e hijos. Eso también contribuye a la construcción del bien en la comunidad de la Iglesia y la familia humana entera.

Padre Edmund Szaniawski

Fot. Janusz Gojke

Totus Tuus (Todo Tuyo)

En los últimos años de su vida, mientras sufría de la enfermedad de Parkinson, el Papa Juan Pablo II no tenía la fuerza para hablar, pero encontró el espíritu de Dios en sí mismo para guiarlo. Fue en su debilidad que él miró fortaleza.

Él nunca nos dejó solos. Siempre enamorado del Señor, él tuvo la intención de ver sus muchos años de servicio a la humanidad hasta al final.

Nunca es fácil cuando alguien tiene dolor, ahora imagina la edad y enfermedad del Papa y él nunca se quejó. Juan Pablo II recibió algo extraordinario, una fortaleza que le permitió amar a Dios y Su pueblo hasta el final. Y aquí surge una pregunta: ¿Tuvo la vida del Papa un final del todo…?

Non omnis moriar - No todo de mí morirá

Para mí, ejemplifica 26 años de servicio a las personas y la humanidad. No había lugar para quejas o dolor en ello.

En la gran escala de las cosas, el Papa se refirió a la Voluntad Humana y nos insta a resolver y a defendernos a nosotros mismos. El abordó el Mandamiento del Amor a cada individuo, advirtiendonos sobre el egoísmo. Él nos sugirió enfocarnos en el bien común. El dijo que un humano es la única criatura en el mundo que Dios creó como a Él mismo, entonces por definición no debería ser caracterizado por egoísmo, por materialismo, sino por disposición de darse a sí mismos. Los seres humanos por lo tanto deberían ser guiados por moralidad, responsabilidad y los mandamientos de amor.

Juan Pablo II también sostuvo que *somos pecadores y esto pertenece a la debilidad/flaqueza/fragilidad del hombre, pero Dios no mantiene memoria de pecados, Dios ama al hombre y desea para él verdadera libertad.* Lo cual quiere decir que el hombre comete errores, pero Dios lo perdona.

"Que tu espíritu venga y renueve la faz de esta tierra"

Katarzyna Dorosz

Tu eres mi protector, mi apoyo…
Y yo estoy infinitamente agradecida
Que tu estas conmigo cada día,
y yo estoy con Cristo.

Kasia Dorosz

Fot. Janusz Gojke

Unas cuantas palabras sobre el Papa desde Polonia

Juan Pablo II fue no solamente el Santo Padre, sino también un políglota, poeta, educador, escritor (dramaturgo/autor teatral), actor aficionado, filósofo y místico; fue un hombre extraordinario quien obtuvo su fortaleza y grandeza de su amor por Dios y Su pueblo.

El nació como un hijo amado de Emilia y Karol Wojtyla el 18 de Mayo de 1920 en Wadowice. Esta ciudad natal moldeó el carácter y corazón del futuro Papa. Cuando él partió hacia la Santa Sede de Pedro, se llevó con él memorias maravillosas de su familia, especialmente de su padre. Cuando él tenía 9 años, su amada madre falleció, y tres años después su hermano mayor, Edmund, también falleció. De la noche a la mañana, el pequeño Lolek tuvo que crecer.

La educación de Karol fue personalmente supervisada por su padre - él le dio tutoría por las tardes y se encargó de su desarrollo espiritual al ir a la iglesia con él e instruyendo oraciones. Gracias a su guía, Lolek se convirtió en un monaguillo y después se convirtió en el líder de un círculo completo de monaguillos. Influenciado por las enseñanzas y oraciones del Espíritu Santo por parte de su padre, el después pudo escribir la famosa encíclica sobre el Espíritu Santo.

Karol fue muy talentoso y motivado a aprender. Después de aprobar su examen de preparatoria, se fue con su padre a Krakow, donde empezó a estudiar filología polaca en la Universidad de Jagellónica y desarrolló su pasión por la actuación. La participación en talleres de actuación le ayudó a sobrevivir a lo largo de su vida: disminuyó sus miedos, le dio fortaleza y esperanza, especialmente cuando se quedó solo en el mundo.

Después del brote de la Guerra Mundial II, para poder ayudar a su padre, cuyo estaba empezando a sufrir de una enfermedad en el corazón, Karol tomó un trabajo en una cantera en Zakrzowek y en una planta de tratamiento de agua en Borek Falecki. Aunque el trabajo estaba por encima de su fortaleza, él nunca se quejó. Sin embargo, en Febrero de 1941, su padre falleció y el joven Lolek se sintió muy perdido. Después Jan Tyranowski, un sastre, le ayudó a encontrar su vocación, y un año después Karol de manera secreta, se unió a un seminario. Mientras tanto, terminó su título de teología en la Universidad de Jagellónica.

En 1946 Karol Wojtyla fue ordenado por el Cardenal Adam Stefan Sapieha y fue enviado a Roma, donde inició estudios de doctorado en la Universidad Pontifica de Santo Tomas de Aquino (obtuvo su doctorado dos años después). Después de regresar a Polonia se hizo vicario en la villa de Niegowici. Fue ahí donde dio clases a niños, fundó un teatro para ellos y los acompañó a viajes. El dio clases en cinco escuelas en su parroquia. Él vivió muy modesto, porque todo lo que él poseía, se lo otorgó a los pobres y a los enfermos.

El 17 de agosto de 1949, regresó a Krakow y se convirtió en coadjutor de la iglesia de San Florian. Guiado por el principio de que *lo más importante es el hombre y la verdad sobre él*, estuvo involucrado no solo en trabajo pastoral académico y cuidado a los enfermos, también en el movimiento teatral. Fue reconocido por su trabajo y, en recomendación de su mentor y amigo el cardenal Stefan Wyszynski, fue elegido obispo auxiliar de Cracovia en 1958. Fue entonces cuando él tomó las palabras Totus Tuus como su lema (Todo Tuyo).

En el Vaticano, el fue valorado por su sabiduría y sus habilidades como orador y negociador. Él habló en el Consejo del Vaticano varias veces. El 26 de junio de 1967 en la Capilla Sixtina el juramento de cardenales tuvo lugar, Karol Wojtyla estaba entre ellos. Fue ahí, por primera vez en la historia de la Iglesia, donde aplausos universales estallaron cuando el entonces Papa Pablo VI puso la Beretta Rosa en la cabeza de Polo.

Once años después, el 16 de octubre de 1978, Karol Wojtyla se convirtió en Papa. El explico la adopción del nombre Juan y Pablo de la siguiente manera:

También adopté los mismos nombres que los elegidos por mi amado predecesor Juan Pablo I. Porque ya en 26 de agosto, cuando reveló al Santo Colegio que

deseaba llamarse Juan Pablo - y esta dualidad de nombre
fue sin precedentes en la historia - percibí en esto
un signo de gracia en el camino de su nuevo pontificado.
Y dado que este pontificado ha durado sólo 33 días, correspon-
de a no sólo continuarla, sino retomarla, como
estaban, en el mismo punto de partida que la elección de
estos dos nombres testifican de antemano. Al adoptarlos,
siguiendo los pasos de mi amado Predecesor, deseo -
Creo que él también, para expresar mi amor por esa persona en
particular legado que dejaron los Papas Juan XXIII y Pablo VI
y mi disposición a continuarla, con la ayuda de Dios.
A través de estos dos nombres y dos pontificados afirmó
asociarme a toda la tradición de esta Santa Sede,
con todos sus predecesores, en este siglo XX y en siglos anterio-
res, como por etapas, con esa continuidad de misión y de servi-
cio lo cual marca el lugar específico de la Sede de Pedro en la
Iglesia. Juan XXIII y Pablo VI constituyen la etapa a la que qui-
iero referirme directamente, el umbral desde el cual, junto con
Juan Pablo I en cierto sentido, tengo la intención de avanzar en
el futuro, guiados por esa infinita confianza y obediencia
al Espíritu que Cristo el Señor prometió y envió a su Iglesia.

(La Santa Sede, Juan Pablo II)

El secretario personal de Juan Pablo II durante toda su pontificado fue Stanislaw Dziwisz. Sin embargo, el cardenal Stefan Wyszynski tuvo la mayor influencia en la formación de la actitud fiel y amoroso Papa pola- co. Participó, entre otros, en la inauguración del pontificado, y también se unió a la homagium, el homenaje oficial que los cardenales rinden al nuevo Papa. Mientras besaba el anillo papal, Juan Pablo II, en señal de respeto a Wyszynski, se levantó de su trono, besó su mano y la estrechó. Al día si- guiente tuvo lugar un hecho similar durante el encuentro del Papa con los polacos que habían venido a Roma. El Primado de Polonia y el Santo Padre se dieron un abrazo largo, después de lo que comentó Juan Pablo II: *No estaría en la Sede de Pedro este Papa polaco, que hoy, lleno del temor de Dios, pero también lleno de confianza, inicia un nuevo pontificado, si no hubiera estado vuestra fe, sin retroceder ante la prisión y el sufrimiento, vuestra esperanza heroica, tu entrega total a la Madre de la Iglesia, si no hubiera habido Jasna Góra - y todo este período de la historia de la Iglesia en nuestra patria, que están conectados con tu obispado y el ministerio del primado.* Con estas palabras el Papa rindió homenaje a su mentor. Curiosamente, Juan Pablo II también admitió más tarde que debía su pontificado a Wyszynski. Mencionó varias veces: *No olvidaré las palabras que me dijo el 16 de octubre, el día de San Juan.*

Hedwig de Silesia - cuando la decisión del cónclave estaba cerca: "Si te eligen, por favor no te niegues'. El primado del milenio me ayudó mucho. Podría responder a la pregunta que me hicieron después de la elección: 'Acepto'.

Como Papa, Juan Pablo II se convirtió en el mayor defensor de la dignidad humana del hombre. Creía que *el valor del hombre no deriva de lo que tiene, aunque tenga el mundo entero, sino de lo que es.* También conectó la categoría de la dignidad del trabajo con el concepto de dignidad humana, afirmando que el trabajo humano tiene un valor ético: *El trabajo es el bien del hombre. Porque a través del trabajo el hombre se da cuenta de su humanidad, se vuelve más hombre.* Él no tenía miedo de la gente trabajadora, los entendía porque venía de entre ellos, con sus convicciones basadas en su propia experiencia de trabajo duro en las canteras.

Además, Juan Pablo II luchó por la igualdad de todas las personas, incluidos los representantes de diferentes naciones y denominaciones religiosas. Se dirigió a ellos con las palabras: *¡No tengas miedo! Este es nuestro 'ser' y nuestro 'tener'!*, destacando que no hay peores o mejores personas o peores o mejores naciones. Amaba a todos por igual; la distinción no existía para él. También valoró a los ancianos y animó a los jóvenes a prestarles atención especial, para que que siempre recordaran que los ancianos son el tesoro de las experiencias de la vida. Solía decir que *la vejez* puede ser cruel y él mismo soportó el sufrimiento con dignidad, sin ocultarlo nunca y tratándolo como parte de la vida.

Karol Wojtyla, el Papa Juan Pablo II falleció para la eternidad el 2 de abril de 2005...

Por su extraordinario ministerio y su fidelidad y amor por Dios y por los hombres, primero fue beatificado (1 de mayo de 2011) y luego canonizado (27 de abril de 2014). Fue (y en nuestra mente sigue siendo) un hombre extraordinario que trajo amor, armonía y fe que nunca lo abandonó, incluso en los momentos más difíciles de su vida. Proclamó que *cada uno de nosotros tiene un propósito y una tarea en la vida.* Conocía perfectamente la suya y la cumplió. Extrajo su fuerza del equilibrio entre la contemplación y la vida activa - y supo cómo compartirlo con otros.

El Papa le dio a la gente el poder de actuar.
Tuvo la sabiduría y el coraje para cambiar el mundo.
Tuvo el coraje de amar.
Y por esto, le damos las gracias.

De su mentor

Al tratar las reflexiones del Santo Padre Juan Pablo II no podemos omitir una referencia a las palabras de su gran amigo, mentor y guía espiritual, Stefan Wyszyński, el Primado del Milenio.

Fue un hombre excepcional que manifestó su fe con fuerza y valentía a lo largo de su vida, incluso en tiempos de persecución. Pero murió tranquilamente, el día de la Ascensión del Señor - 28 de mayo de 1981. Ofreció su sufrimiento y su enfermedad, como él mismo dijo, por Juan Pablo II, que en ese momento estaba en el hospital después de un atentado a su vida. Lo ofreció por la Santa Iglesia y por las familias. Dedicó mucha atención a este último tema durante su ministerio de primado. Dado que este libro trata el tema de la familia, vale la pena familiarizarse con las opiniones del Primado del Milenio sobre este tema.

Somos famosos por nuestro patriotismo. Esto es un hecho. Pero quizás exigimos demasiado a la Patria, a la Nación, y no lo suficiente a nosotros mismos. Y todavía la paz en la Nación fluye de la paz en el hogar. A menudo, el día de hoy se habla de mantener la paz. La paz se hace fuerte en corazones y mentes llenas de gracia y fe viva. Si está en el corazón, en el pensamiento de los hombres, ciertamente se manifestará en la familia.

Si se mantiene en cada familia, entonces prevalecerá dentro de las fronteras de nuestra Patria. ¡No hay otra manera de fortalecer y preservar la paz!

Jasna Góra, 15 de agosto de 1977

„El orden del corazón de cada compañero ciudadano debe estar conectado con el orden de la familia, porque en la familia se construye el orden social. Allí se forma el organismo nacional, pues la nación se compone de familias. Por tanto, la familia, sus derechos, la seguridad y la paz deben ponerse a la cabeza de todos los deberes de la vida social y pública. Esta es la única forma de crear una moral y una orden social, que se basa en el principio de que todo debe hacerse para asegurar que los representantes de las familias tengan condiciones de vida adecuadas, para salvaguardar la vida de sus familias de la explotación, la privación, miseria y abuso, y para impedir las necesidades y deberes de la vida familiar de ser sacrificada para otros fines, especialmente los económicos y políticos.

Skałka en Krakowie, 8 de Mayo de 1978

"Debemos ser conscientes de la familia no solo en nuestro hogar, donde viven padre, madre e hijos. La familia es sin duda la unidad más básica de la vida social. Sin la familia no hay nación, así como sin la nación es difícil imaginar un estado saludable y ordenado. Es en la familia que nace una nación y un sentido de orden social se nutre.

Jasna góra, 3 de junio de 1978

Esta es tu dote: Tú mismo y tu corazón. Tú eres el regalo. Lo que traigas será como tu: puro y limpio, o contaminado. (...) Si entras puro a la vida nupcial, tu matrimonio será puro. (...) Si entras manchado, todo se manchará.

Tú sabes muy bien cuánto necesita tu familia tu amoroso corazón. Pero sólo un corazón puro es capaz de amor verdadero. Y también saben bien que para guardar y conservar la pureza, deben considerarla como un tesoro y estar atentos para no perderlo por descuido, imprudencia o tropezón por descuido. ¿Cómo se repara el cristal precioso si cae en el pavimento y se rompe en pedacitos? ¿Cómo reparar el cristal de tu corazón y cuerpo? Las imperfecciones permanecerán, lo cual es una pena, porque entonces el cristal perderá su valor.

Y por eso se necesita esfuerzo, cautela y gran vigilancia para proteger vuestro corazón, conservar la pureza y la dignidad.

Carta a las jóvenes Polacas, Jasna Góra, 27 de julio de 1958

La elección de cónyuge no puede ocurrir por capricho, una fantasía momentánea, un sentimiento pasajero. La elección debe ser cuidadosa, porque de ello depende la felicidad del futuro matrimonio. (...) El matrimonio no es sólo una cuestión del corazón, sino de los sentimientos - es en gran medida una cuestión de razón. En la elección de un cónyuge, las leyes de Dios y el bien de nuestra fe cristiana debe jugar un papel importante. Debemos preguntarnos si la persona elegida ama a Dios y respeta las leyes de la Iglesia. Esto determina si respeta los derechos del cónyuge. Quien no es fiel a Dios no suele guardar la fe de su cónyuge. Es más, también hay que tener en cuenta el bien propio y del otro cónyuge, ya que las personas quienes son buenos en sí mismos pueden no ser buenos el uno para el otro, especialmente cuando comparten diferencias de disposición, antecedentes y educación.

Preparación para el matrimonio, 1946

Incluso Cristo el Señor habló de lo que se supone que debe unir esposo y esposa. Deben estar unidos por el amor, y ese amor es el amor que Cristo tiene por la Iglesia. (Es tu deber mutuo. No sólo la mujer debe amar a su marido: el esposo debe amar a su esposa. Ambos tienen corazones, y ambos corazones deben estar dedicados el uno al otro. Así que ambos están siendo santificados y perfeccionados por vuestro amor el uno por el otro. Seguramente, este amor es más fuerte cuando son más jóvenes, porque entonces les ayudan las cualidades de vuestros cuerpos. Pero llegará el día en que la vida escribirá sus arrugas y marcas pesadas en vuestros rostros. Tal vez los motivos que alguna vez impulsaron el afecto mutuo se perderán. Entonces, amados hijos, entrarán en juego otros motivos. Surge el deber de la vida recíproca: la fidelidad. (...) La vida mutua es necesaria incluso cuando el cuerpo ya no es atractivo; las virtudes del alma y su carácter cristiano deben manteneros unidos.

Sermón a los esposos católicos, Gniezno, 15 de agosto de 1957

"Pero nunca, oh amados míos, esperen ayuda del otro, sino siempre den una mano ustedes mismos: marido a mujer, mujer a marido. Esto creará una relación mutua apropiada, verdaderamente humana entre ustedes.

Y nunca esperes demasiado del otro, nunca exijas más de lo que te das a ti mismo. Exíjanse siempre más de ustedes mismos. No puedes configurar las cosas de tal manera que sólo haga exigencias a la otra parte y se libere de todo. Sólo entonces habrá entre vosotros verdadero amor, verdadero servicio y verdadera disposición al sacrificio, cuando cada uno de vosotros piensa en lo que es necesario para el otro y no para ellos mismos. Solo entonces habrá perfecto equilibrio y armonía entre ustedes.
Y nunca se apresuren a hacer comentarios o excusas el uno al otro. Es mejor considerar en primer lugar, está todo bien en mí, estoy haciendo todo lo que está en mis manos". Sólo cuando nuestro juicio es positivo podemos esperar el bien de la otra parte.

En la ceremonia de boda de Halina y Stefan Jurkiewicz, Varsovia, 6 de abril de 1975

*"La vida mutua es necesaria aun cuando las cualidades del
el cuerpo ya no te atrae; las cualidades del alma y su carácter
cristiano debe mantenerlos unidos.*

A través del respeto mutuo… Respeto uno al otro(…)

*A través de paciencia mutua… Y después - paciencia consigo
mismo. Es la marca de gente madura y perfecta. La paciencia
es una señal de entendimiento mutuo y entendimiento de la
vida. (…)*

*Al tener hijos… Y he aquí otro medio de santificación para las
madres, que tanto subraya el Apóstol: la mujer será santifica-
da en la procreación [cf. 1 Timoteo 2:15]. Oh sí, porque es un
gran tormento, sacrificio y sufrimiento. Es un dolor tan grande que la gente quiere quitarlo para aliviar a una mujer en su
deber maternal. Este sufrimiento es de gran importancia. Te
purifica, querida madre, y te pone en la presencia de Dios. Te
recuerda que es Dios quien está obrando en ti, formando una
vida nueva, un hijo suyo, para venir al mundo. El sufrimiento,
que tanto desagrada a la gente, es parte necesaria de nuestra
perfección y santificación personal."*

Sermón a los padres católicos, Frombork, 15 de Agosto de 1961

*"Los cónyuges explican muy a menudo que ya no se quieren
tanto como al principio de su viaje juntos. Probablemente la
pedagogía del amor fracasó allí. Han olvidado que están obligados a abrazar con amor toda la vida de la otra persona y
a entregarse a él o ella. Y esto es mutuo: la esposa se entrega
a toda la vida del marido, el marido a toda la vida de la mujer.*

El matrimonio es ayuda mutua. La enseñanza de la Iglesia nos enseña al respecto. Después de todo, así es como comenzó en Edén, cuando el mismo Dios -como nos lo explica el Libro del Génesis con palabras sencillas- percibió que no era bueno que el hombre estuviera solo y que necesitaba ayuda.

En la ceremonia de boda de Halina y Stefan.
Jurkiewicz, Varsovia, 6 de abril de 1975

La vida familiar es un área increíblemente significativa en la que se requieren muchos sacrificios y renuncias. No pensad, hijos de Dios, que el cumplimiento del matrimonio pueden estar libres del sacrificio y de tu cruz.
Se necesitan grandes y muchos sacrificios.
Vosotros padres debéis recordar que no vivís para vosotros mismos, sino por su familia, su esposa y sus hijos. Tus habilidades, talentos y destrezas, los frutos de tu trabajo no son de tu propiedad, sino de tu familia. Del mismo modo, el trabajo de su esposa.

Niepokalanów, 9 de abril de 1972

Es necesario enseñar a un niño una forma noble de vida, para prepararlos para la vida. No es suficiente tirarlos al mundo y decir: ¡hazle frente! No, padres, su
deber y la responsabilidad por tus hijos dura muchos años. De vosotros depende moldear y educar a su hijo de tal manera que se acostumbren a los aspectos prácticos de vida, para que sean fácilmente capaces de manejar por sí mismos cuando se independizan.

Para cumplir tan grande misión, tan solemne tarea, se necesita una sola cosa: la santificación de ambos cónyuges. No basta que, unidos por el sacramento del matrimonio, vivan uno al lado del otro. Ahora deben interactuar unos con otros como bautizados en la Iglesia de Cristo y unidos por el sacramento del matrimonio. No solo está criando a sus hijos, se están criando unos a otros. Y a este respecto no hay diferencia entre los deberes de padre y madre, marido y mujer. (...) Las obligaciones son iguales, aunque diferentes para marido y mujer. Y el esfuerzo debe ser mutuo para santificarse unos a otros. No puede ser permitido que la esposa sea un ángel y el esposo un Satanás; que la esposa está obligada por los Diez Mandamientos y el marido no; que la esposa debe estar sobria y el esposo pueda estar intoxicado; que la mujer debe ser fiel y el marido si así lo desea. ¡Todos estos son supersticiones! Los deberes son iguales a la vista de Dios, porque Dios es el Padre tanto del esposo como de la esposa. Ha establecido mandamientos para uno y para otro.

Sermón a los esposos católicos, Gniezno, 15 de agosto de 1957

El hombre moderno, como resultado de la omnipotencia de el estilo de vida técnico, se siente perdido. El tecnicismo se hace cargo.

Los jóvenes quedan cautivados por el desarrollo y el poder de la tecnología, les sienta muy bien. Ellos están más a menudo en contacto con un aparato, una herramienta, que con una persona, un ser humano. Hay personas que pasan horas en contacto directo con un aparato, una herramienta, una máquina o una combinación de máquinas. La máquina atrae al hombre por completo, exige su atención absoluta atención.

Y ¡ay de él si no proporciona debida atención. Entonces podría perderse por completo, no sólo mental sino también físicamente.

*A los directores diocesanos de la pastoral juvenil masculina, Varsovia,
14 de abril de 1971*

Para ayudar a los jóvenes es necesario ante todo no darles desprecio en el círculo familiar. Después de todo, a través del caminar de la vida, los niños y los jóvenes aprovechan al máximo sus hogares, tanto buenos como malos. (...)

Para ayudar a los jóvenes hay que cuidarlos fuera de casa: en la escuela, en el trabajo, en su entorno social. No podemos ser indiferentes a lo que le pasa a los jóvenes en la escuela y en la calle, o a su religiosidad y moralidad. (...)

Para ayudar a los jóvenes, uno debe tratar de entenderlos, apreciar sus aspiraciones y deseos. No seamos indulgentes, seamos críticos. Pero no exageremos en emitir juicios severos. En lugar de culpar, arrojemos luz en impulsos jóvenes. (...)

Recordemos también que la joven generación anhela no sólo el pan y la prosperidad, sino también a Dios, la luz del Evangelio, y modelo que los inspirará a seguir.

Creemos oportunidades para que la generación joven actúe y haga el bien. Que vean a su hermano en cada persona. Que aprendan a ayudar y servir. Que no hagan a nadie sentirse inferior o humillado. Que desarrollen ellos mismos un sentido de justicia y paz. (...) Que aprendan escrupulosidad y diligencia desinteresada. (...)

¡No tengáis miedo de Cristo, vuestro Consolador! ¡Invocadlo y adoradlo con denuedo, mostrándolo a vuestros hijos y juventud! Para las generaciones venideras, Jesucristo continúa siendo "la luz del mundo". ¡Él es siempre el mismo: ayer, hoy y mañana! (...) ponerlos en las manos infalibles de la Mejor Madre de Cristo y nuestra, la Madre de la Iglesia, María, que alimentó y crió al Salvador del mundo. (...) Después de todo, en su luz creció la modelo más bella de nuestro tiempo – Bendecido Maximiliano Kolbe, que dio su vida en el lugar de su hermano.

A los padres, maestros y miembros mayores de la sociedad, Varsovia, Miércoles de Ceniza 1972

La gente dice, 'el tiempo es dinero'. Yo digo, 'el tiempo es amor'. El dinero es insignificante, pero el amor perdura. Toda nuestra vida vale tanto como el amor que hay en ella.

Jasna Góra, 15 de agosto de 1979.

Sólo las águilas se deslizan sobre las montañas y no tienen miedo a los precipicios, los vientos y las tormentas. Debes tener algo de águila en ti! Un corazón de águila y un ojo de águila en el futuro. Debes endurecer tu espíritu y elevarlo para poder volar como un águila sobre los cerros hacia el futuro de nuestra Patria. Entonces serás capaz de volar como un águila a través de todos los hitos históricos,
vientos y tempestades, no dejándonos atrapar por cualquier esclavitud.
Recuerda - las águilas son pájaros libres porque vuelan Alto.

Gniezno, 1966

Finalmente, me gustaría ilustrar una declaración más del primado Stefan Wyszyński:

"Podemos enumerar las faltas de otras personas contra nosotros, pero nuestras faltas contra los demás generalmente no las vemos. Hablaremos del rayo en nuestro propio ojo más tarde, o nunca. Primero preferimos tratar con la paja en el ojo de nuestro prójimo."

Desgraciadamente, estas palabras reflejan perfectamente el espíritu de nuestro tiempos, el salvajismo generalizado y el egoísmo desenfrenado. Por lo tanto, tengo una petición para ustedes, mis queridos: ¡ámense un poco más! Háblese unos a otros, rodéese de cariño, esfuércense por comprensión y compromiso. Recuerden, debemos responder a ¡La crisis de la civilización con una civilización del amor! Y entonces el mundo será sin duda un mejor lugar...

Ecce Homo…
(He aquí, el hombre)

"Esta crisis de civilización debe ser contrarrestada
por la civilización del amor"
(Carta Apostólica Tertio millennio adveniente, 1994)

Narodowe Archiwum Cyfrowe

Comenzando nuestras deliberaciones sobre la civilización del amor, debemos prestar atención a lo humano y a toda la esencia de la humanidad. En su carta apostólica Mulieris Dignitatem, el Santo Padre escribió eso

"El hombre es el punto culminante de todo el orden de la creación en el mundo visible."

"Su Santidad enfatizó la singularidad del hombre al afirmar que "la vida que Dios otorga al hombre es mucho más que la mera existencia en el tiempo." Es un impulso hacia la plenitud de vida; es la semilla de una existencia que trasciende los límites mismos del tiempo: "Porque Dios creó al hombre para la incorrupción, y lo hizo a imagen de su propia eternidad" (Wis 2: 23)"

(Evangelium Vitae, 34).

A su vez, en la encíclica *Redentor Hominis*, Juan Pablo II expresó la opinión de que así como Dios es amor, los humanos son el fruto de este amor. Un fruto hecho a imagen y semejanza del Señor. Él también indicó claramente que ningún hombre puede vivir sin amor:

"El hombre no puede vivir sin amor. El sigue siendo un ser que es incomprensible para él mismo, su vida no tiene sentido, si el amor no se le revela, si no encuentra amor, si no lo experimenta y lo hace suyo, si no participa íntimamente en ella. Esto, como se ha dicho, es por eso que Cristo Redentor "plenamente revela al hombre a sí mismo". Si podemos usar la expresión, esta es la dimensión humana del misterio de la redención"

(Redemptor Hominis).

Por lo tanto, echemos un vistazo más de cerca a la esencia de la humanidad como está entendido por Juan Pablo II.

Según las enseñanzas del Papa Juan Pablo II, un hombre o mujer es una persona, es decir, un ser libre, autoconsciente y ser autónomo, capaces de administrar sus vidas, así como de formarse a sí mismos, lo cual se expresa principalmente en la autoconciencia de uno y autodeterminación:

"Es a través del trabajo que el hombre, usando su inteligencia y ejerciendo su libertad, logra dominar la tierra y hacer de ella un hogar digno".

(Centesimus annus, 1991).

También son un ser dinámico que se desarrolla y se crea a sí mismo a través de acciones conscientes y libres:

"En esta experiencia el hombre se revela como persona, eso es como una estructura completamente peculiar de autoposesión y autocontrol. Como esta peculiar estructura, el hombre se revela en la acción y por la acción, en hecho y por hecho. Después, la persona y el acto constituyen una realidad dinámica profundamente coherente en la que la persona se revela y se explica a través del acto, y el acto por la persona".

Debido a esto, los humanos pueden poseer, moldearse y controlarse a sí mismos mientras asume la responsabilidad de toda su vida y se esfuerza por la excelencia.

¿Qué es la perfección? Según el pensamiento aristotélico, reiterado por Santo Tomás de Aquino, la perfección es una cosa acabada, para que no haya necesidad de añadir nada más. ¿Cómo se aplica esto a una persona? Después de todo, por definición, deberían ser un ser perfecto, porque fueron creados a imagen y semejanza de Dios. Sin embargo, no completamente

Un ser humano es una unidad y un todo compuesto de muchos diferentes elementos íntimamente relacionados entre sí, principalmente un cuerpo y un espíritu. Mientras que el alma constituye un elemento de la divinidad en un ser humano, el cuerpo mismo puede ser débil y pecaminoso. Por eso, cuando hablamos acerca de la perfección humana, nos referimos a la búsqueda de ella en el aspecto moral y espiritual; curiosamente, la esencia de estas dos dimensiones es amor.

"El amor que el Apóstol Pablo celebra en la Primera Carta a los Corintios: el amor que es"paciente " y"amable," y "soporta todas las cosas" (1 Cor 13:4, 7), es ciertamente un amor exigente. Pero esto es precisamente la fuente de su belleza: por el hecho mismo de que es exigente, construye el verdadero bien del hombre y le permite irradiar a los demás. (...) El amor es verdadero cuando crea el bien en las personas y dentro de las comunidades; crea ese bien y se lo da a los demás. Sólo el que es capaz de ser exigente consigo mismo en nombre del amor también puede exigir amor de los demás. (...)
El himno al amor en la Primera Carta a los Corintios sigue siendo la Carta Magna de la civilización del amor. En este concepto, lo importante no es tanto acciones individuales (ya sean egoístas o altruistas), tanto como la aceptación radical de la comprensión del hombre como persona que se "encuentra a sí mismo" al hacer un regalo sincero de sí mismo. Un regalo es, obviamente, "para los demás": esta es la dimensión de la civilización del amor"

(Carta a las familias, Gratissimam sane).

Este amor exigente es la base del esfuerzo del hombre por la perfección espiritual.

En la encíclica Veritatis Splendor, Juan Pablo II explicó que para alcanzar la perfección "significa construir esta perfección con el propio esfuerzo" mediante la realización de acciones específicas de acuerdo con una cierta moralidad.

"Dios quiso dejar al hombre en el poder de su mismo consejo, para que buscara a su Creador en su propia voluntad y llegue completamente libre y con perfección bendita al apegarse a Dios.

(Veritatis Splendor).

Por lo tanto, la buena intención por sí sola nunca es suficiente y debe ser seguido por el curso de acción correcto. Según el Papa, el trabajo de una persona también es una herramienta para que se mejore a sí misma. De esta manera, por supuesto, entre otras cosas, los laicos están activamente cultural implicados en la mejora como dimensión esencial del bien común. Es este bien común el que determina la capacidad de alcanzar la propia perfección.

El Santo Papa también expresó que la búsqueda por la perfección es una manifestación de libertad, la cual es un símbolo especial de la imagen de Dios en el hombre *"veriratis splendor"*. Está atrincherada así como en la misma naturaleza de un humano - por un lado, es una propiedad de su voluntad, pero por el otro, es también una propiedad consecutiva del tema personal completo el cual constituye el humano. Este aspecto del entendimiento de Juan Pablo II de libertad fue estudiada, entre otras, por Piotr Kupczak de la Universidad Católica de Lublin, quien en su trabajo *Libertad de la persona humana de acuerdo a Karol Wojtyla* - Juan Pablo II indica que gracias a la libertad, un humano "puede darse cuenta a sí mismo de tal manera que corresponda a su naturaleza", lo que significa que no solamente una persona, pero la humanidad completa es afirmada, expresada y realizada solamente a través de la libertad. Juan Pablo II era de la opinión que esto estaba en alineamiento con la verdad evangélica sobre la libertad.

"La persona se realiza por el ejercicio de la libertad en verdad. La libertad no puede ser comprendida como licencia para hacer absolutamente cualquier cosa: Esta implica un regalo de uno mismo. Aún más: quiere decir una disciplina interior del regalo. La idea del regalo contiene no solamente la iniciativa del tema, sino también el aspecto del deber"

(Cartas a familias, Gratissimam Sane).

Mientras era aún un profesor en la Universidad Católica de Lublin, en su trabajo Persona y Hecho (1969) el Papa definió libertad como el control personal y determinación personal de una persona. Al hacer esto, vinculó cercanamente el problema de la libertad con el fenómeno de la persona humana, la cual de cierta manera es la clave de su antropología. Porque " el hombre verdaderamente se convierte en sí mismo a través del regalo gratuito de sí mismo…"(Centesimus annus). El hombre es por tanto una persona quien es la forma más alta de su naturaleza y humanidad. Dicha persona es un ser independiente, distinto en naturaleza humana, racional y libre, existente por ellos mismos, objetivamente el más perfecto en el mundo creado. Ellos tienen una vida espiritual, pero al mismo tiempo están arraigados en la realidad completa de la creación. Cada ser humano individual se expresa en una vida que es racional y por encima de todo libre. Porque es la voluntad, o libertad, determinación personal, dependencia en uno mismo, que determina los aspectos más altos de la persona la cual es moralidad.

¿Por qué es la moralidad tan importante para Juan Pablo II? Bueno, en su opinión:

"En el hombre mismo muchos elementos luchan entre sí, por un lado, como criatura experimenta sus limitaciones de múltiples maneras; por el otro, se siente ilimitado en sus en sus deseos y llamado a una vida superior. Arrastrado por múltiples atracciones, se ve constantemente obligado a elegir entre ellos ya renunciar a algunos. De hecho, como un ser débil y pecador, a menudo hace lo que no haría, y deja

de hacer lo que haría. Por lo tanto, sufre de divisiones internas, y de estas fluyen tantas y tan grandes discordias en la sociedad.

(Redemptor hominis)

Además, desde el punto de vista de la libertad humana, la búsqueda egoísta e individualista del utilitarismo, es decir, la búsqueda intensa de la máxima felicidad, también es peligrosa. Según el Papa Juan Pablo II, puede ser:

'(...) una "felicidad utilitaria", vista sólo como placer, como gratificación inmediata en beneficio exclusivo del individuo, al margen u opuesta a las exigencias objetivas del verdadero bien. El programa del utilitarismo, basado en una comprensión individualista de la libertad - una libertad sin responsabilidades- es lo contrario del amor, incluso como expresión de la civilización humana considerada como tal. Cuando este concepto de libertad es adoptado por la sociedad y rápidamente se alía con diversas formas de debilidad humana, pronto se convierte en una amenaza sistemática y permanente para la familia.
(Carta a las familias, Gratissimam sane, 1994).

Sin embargo, de acuerdo al Santo Padre, la concientización de esta debilidad en una personal no es todo lo que puede amenazarlos en el aspecto espiritual, porque también:

"El desarrollo de tecnología y el desarrollo de civilización contemporánea, la cual es marcada por la ascendencia de tecnología, demanda un desarrollo proporcional de moral y ética. Para el presente, este último desarrollo parece desafortunadamente siempre quedarse atrás.

Por tanto, a pesar de la maravilla de este progreso y a pesar de los auténticos signos de la grandeza del hombre, signos que en sus gérmenes creadores nos fueron revelados en el Libro del Génesis, tan antiguos como la descripción de la creación del hombre (cf. Gn 1- 2) Este progreso no puede dejar de suscitar inquietud por muchos motivos. El primer motivo de inquietud se refiere a la pregunta esencial y fundamental: este progreso, que tiene al hombre por autor y promotor, ¿hace que la vida humana en la tierra sea "más humana" en todos los aspectos de esa vida? ¿Se hace a sí mismo "digno del hombre"? No puede haber duda de que en varios aspectos lo hace. Pero siempre vuelve a plantearse la pregunta de lo que es más esencial: si en el contexto de este progreso el hombre, como hombre, se hace verdaderamente mejor, es decir, más maduro espiritualmente, más consciente de la dignidad de su humanidad, más responsable , más abiertos a los demás, especialmente a los más necesitados y débiles, y más dispuestos a dar y a ayudar a todos"

(Redemptor hominis, 15)

¿Por qué es tan importante buscar a Dios en la vida? El Santo Papa explica:

"El hombre que desea comprenderse a sí mismo a fondo, y no solo de acuerdo con los estándares y medidas inmediatos, parciales, a menudo superficiales e incluso ilusorios de su ser, debe con su inquietud, incertidumbre e incluso su debilidad y pecaminosidad con su vida y muerte, acercarse a Cristo. Él debe, por lo tanto, hablar, entrar en él con todo su ser, debe "apropiarse" y asimilar toda la realidad de la encarnación y redención

39

para encontrarse a sí mismo. Si este proceso profundo tiene lugar en él, entonces da fruto no sólo de adoración a Dios, sino también de profundo asombro de sí mismo".

(Redemptor hominis, 1979)

Las palabras del Papa son confirmadas en las Sagradas Escrituras, que son un gran registro de esta búsqueda y hallazgos del Creador. Uno de ellos es la pureza del corazón, a la que Juan Pablo II se refirió muchas veces durante sus discursos.

¿Qué dijo el Santo Padre sobre la pureza del corazón?

"Tener un corazón puro es ser un hombre nuevo, restaurado por el amor redentor de Cristo, para vivir en comunión con Dios y con toda la creación, esa comunión que es su destino original".

"[De esta manera] la pureza de corazón es [para cada] hombre una tarea. Debe hacer un esfuerzo constante para resistir las fuerzas del mal, las que actúan desde fuera y las que actúan desde dentro- [las fuerzas] que quieren arrancarlo de Dios. Y así se desarrolla en el corazón humano una lucha constante por la verdad y la felicidad. Para salir victorioso en esta batalla, el hombre debe volverse a Cristo".

"Proclamad al mundo las 'buenas nuevas' de la pureza de corazón y haced de vuestra vida un ejemplo del mensaje de la civilización del amor".

"En vuestra vida, no tengáis miedo de oponeros a la opinión popular ya las ideas contrarias a la ley de Dios. El coraje de la fe cuesta mucho, ¡pero no se puede perder el amor! ¡No seas esclavizado! No se deje seducir por los delirios de felicidad por los cuales el precio es demasiado alto para pagar, el precio de lesiones a menudo incurables, o incluso vidas rotas [la suya y la de otros]!".

"Solo un corazón puro puede amar plenamente a Dios! ¡Solo un corazón puro puede realizar plenamente la gran obra de amor que es el matrimonio! Solo un corazón puro puede servir plenamente a otro. No permita que su futuro sea destruido. No permita que las riquezas del amor le sean quitadas. Defienda vuestra fidelidad, la fidelidad de vuestras futuras familias que estableceréis en el amor de Cristo".

(Asunción, 18.05.1988)[3]

La pureza de corazón, tal como la entiende el Papa, está asociada a la fe y al amor y nos permite comprender y juzgar a las personas de la manera correcta.

"El hombre debe ser medido con la medida de su "corazón" (...) El hombre debe ser medido, por tanto, con la medida de la conciencia, con la medida del espíritu abierto a Dios".

(Santa Misa para Estudiantes Universitarios, 1979)

---

[3]   Retraducción propia a partir de fuentes Polacas: http://www.mateusz.pl/jp99/pp/1999/pp199906 12a.htm y https://www.fonda.pl/blogi/o-wierze-modlitwiezyciu/jan-pawel-ii--o-czystosci-serca,23492.html,accessed el 15.09.2021

La espiritualidad y los valores espirituales fueron un aspecto muy importante en todos los escritos y discursos del Santo Padre, ya que creía que son una necesidad innata de todo ser humano. Son lo que distingue a los humanos de otras criaturas. Consideró el abandono de la búsqueda y el respeto por la emancipación espiritual como fuente y manifestación de la destrucción personal del hombre. Juan Pablo II consideró no sólo los bienes materiales, sino también algunas condiciones sociales y culturales de nuestro tiempo como obstáculos para abrir el corazón de las personas a los valores espirituales *(Novo Millennio Ineunte)*.

En su estudio *Espiritualidad según Juan Pablo II*, el Padre Marek Chmielewski señala que la comprensión contemporánea del concepto de espiritualidad difiere de la presentada por el Santo Padre. El término se ha vuelto de uso general como término aplicado a todos los estados psicoemocionales superiores. Pueden identificarse como *estados de conciencia alterada* (W. James) o como *estados pico de conciencia* (A. Maslow). Según la Asociación Estadounidense de Psicología, la espiritualidad se considera uno de los cinco dominios del bienestar. Por lo tanto, este no es el enfoque entendido y popularizado por el Papa Juan Pablo II.

Juan Pablo II argumentaba que la esencia de la espiritualidad se encuentra en la veracidad, es decir en conformidad con la verdad. Se revela no sólo en el pensamiento o la conciencia, sino también en la acción humana, que es una dimensión importante del trabajo. La verdadera inmanencia del espíritu, entendido como elemento espiritual en la persona, debe corresponder también a todas las manifestaciones de la espiritualidad humana.

"El elemento espiritual en el hombre (como persona) consiste en una manera perceptible de convicción expresada en la conciencia de que un hombre actúa y *algo sucede dentro de un hombre* - qué bellas y sabias palabras del Padre Marek Chmielewski.

Por tanto, el Papa Juan Pablo II hablaba de espiritualidad en relación no sólo con el amor o la libertad, sino también con la cultura, el respeto a la dignidad humana y los derechos humanos, la necesidad de mejorar las condiciones sociales o la necesidad de la paz mundial. También dio gran importancia al silencio como ambiente propicio para la contemplación, y a la vez base para un adecuado desarrollo de la vida espiritual.

En su carta *Salvifici doloris*, escribió que el sufrimiento *es también una llamada a revelar la grandeza moral del hombre, su madurez espiritual.* Según Juan Pablo II, el sufrimiento debidamente procesado confirma la gran dignidad del ser humano: lo convierte en una persona completamente nueva y le da una medida nueva para toda su vida y vocación. Así, en cierto modo, están obligados a alcanzar la madurez interior, entendida como madurez humana y madurez espiritual multifacética. Era característico del Papa referirse en el contexto de la madurez, tanto a nivel humano (personal) como espiritual, porque, en su opinión, por un lado la madurez humana es el *sine qua non* de la madurez espiritual, y por otro la madurez espiritual completa la madurez personal.

De acuerdo con el Santo Papa, un humano debe ser visto como un ser comunal, aunque cada persona es un individuo. Como el dijo:

"Cada hombre existe en toda la realidad irrepetible de lo que es y de lo que hace, de su intelecto y de su voluntad, de su conciencia y de su corazón. El hombre en realidad tiene, por ser "persona", una historia de su vida que es su propia y, lo más importante, una historia de su alma propia. Hombre que, en consonancia con la transparencia de su espíritu interior y también con las necesidades tan diversas de su cuerpo y de su existencia en el tiempo, escribe su historia personal a través de numerosos vínculos, contactos, situaciones y estructuras sociales que lo vinculan con otros hombres, comenzando a hacerlo desde el primer momento de su existencia en la tierra, desde el momento de su concepción y nacimiento".

(Redemptor hominis).

Por tanto, humanos en toda la verdad de su existencia como ser personal, comunal y social, son *el primer y fundamental camino de la Iglesia,* trazado por el mismo Cristo y conduciéndonos invariablemente a través de los Misterios de la Encarnación y de la Redención.

En su obra basada en las reflexiones del Santo Padre, *Los caminos de la Iglesia conducen a un hombre*, el Padre Arkadiusz Wuwer escribió que en todas las esferas de la vida (social y nacional) el ser humano debe ser siempre un fin, no un medio, un sujeto, no un objeto, un punto de sobresalto, no una parada en el camino a la línea de meta. Además, el criterio fundamental para la resolución de todo tipo de problemas debe ser el respeto a cada persona y a su dignidad. "Porque no puede haber bien común o universal que no se base en el bien de una persona humana, el bien de un ser humano específico". Juan Pablo II estuvo de acuerdo con estas palabras y afirmó que:

"El hombre (...) es el camino primero y fundamental de la Iglesia (...) Por eso la Iglesia tiene razón en su preocupación por hacer que la vida humana sea cada vez más humana, para que todo lo que la compone corresponda a genuina dignidad humana... Porque la situación en el mundo actual está muy alejada de las exigencias del orden moral, la justicia y el amor social - el hombre vive en un miedo cada vez mayor"

(Redemptor hominis)

El principio del personalismo cristiano (sobre el cual escribe el padre Wuwer) enfatiza la dignidad del ser humano, también como fuente de otros principios. Nos recuerda que el ser humano como persona es el sujeto y el centro de la sociedad, lo que significa que en cierto modo "toma prioridad ante la sociedad". El objeto de la sociedad es crear, a través de sus estructuras, organizaciones y funciones, las condiciones que permitan al mayor número posible de individuos desarrollar sus capacidades y satisfacer su deseo de perfección y felicidad.

"Dios no duda del hombre. Por eso nosotros, como cristianos, no podemos dudar del hombre, porque sabemos que el hombre es siempre mayor que sus errores y transgresiones"
(Carta Apostólica de la ocasión del Quinceavo aniversario del Inicio de la Segunda Guerra Mundial, 1989)

Precisamente por eso la Iglesia nunca debe dejar de enfatizar la dignidad de la persona, mientras se opone a toda forma de esclavitud, explotación o manipulación que se lleve a cabo en detrimento del ser humano -y no solo en el ámbito político o económico, sino también en el las ideológicas, culturales o médicas. Porque la vida humana, según el Papa, debe ser cada vez más humana y acorde con la dignidad humana. Y la Iglesia debe recordar esto. Hay otro tema muy importante que convoca a los humanos. En su carta apostólica Mulieris Dignitatem, el Santo Padre escribió:

"El hombre es el punto culminante de todo el orden de la creación en el mundo visible; la raza humana, que tiene su origen en la llamada a la existencia del hombre y la mujer, corona toda la obra de la creación; tanto el hombre como la mujer son seres humanos en igual grado, ambos son creados a imagen de Dios. Esta imagen y semejanza de Dios, que es esencial al ser humano, es transmitida por el hombre y la mujer, como esposos y padres, a su descendencia: "Sed fecundos y multiplicaos, y llenad la tierra y sojuzgadla" (Gn 1:28)"
(Mulieris Dignitatem).

Con estas palabras, Juan Pablo II llamó la atención sobre la igualdad entre hombres y mujeres y sus roles únicos en el mundo. Porque el Creador ha confiado el "dominio" sobre la tierra a la humanidad, y por tanto a todos los hombres y mujeres, que derivan su dignidad y vocación de un principio común.

Note también las siguientes palabras:

"El hombre es una persona, hombre y mujer igualmente, ya que ambos fueron creados a imagen y semejanza del Dios personal. Lo que hace al hombre semejante a Dios es el hecho de que, a diferencia de todo el mundo de los demás seres vivos, incluidos los dotados de sentidos, (animalia) - el hombre es también un ser racional (animal rationale). [23] Gracias a esta propiedad, el hombre y la mujer pueden "dominar" a las demás criaturas del mundo visible (cf. Gen 1:28)".

(Mulieris Dignitatem)

¿Qué conclusión se puede sacar de esto? Pues bien, tanto el hombre como la mujer son personas y, por tanto, *'la única criatura sobre la tierra que Dios ha querido para sí'*. Y como Juan Pablo II no dudaba de la unicidad del ser humano entendido como mujer y como hombre, estos son los temas que abordaremos en nuestra discusión sobre la civilización del amor.

Mujer

*"Una mujer no puede encontrarse de otra manera,
en cuanto da amor a los demás"*
(Mulieris Dignitatem)

En los capítulos anteriores, se hizo hincapié en la igualdad entre los seres humanos, hombres y mujeres. Ahora daremos un paso más. Según las palabras de Juan Pablo II en la exhortación apostólica *Familiaris consortio*, la mujer tiene un lugar especial en la Iglesia de Cristo. Como escribió el Papa:

"Al crear al hombre y a la mujer, Dios confiere a cada uno de ellos la dignidad personal en igual medida, dotándolos de los derechos y deberes inalienables de una persona humana. A su vez, Dios revela la dignidad de la mujer en el grado más alto cuando él mismo asume el cuerpo humano de la Virgen María, a quien la Iglesia venera como Madre de Dios, llamándola nueva Eva y planteándola como modelo de mujer redimida. El sutil respeto de Cristo por las mujeres, a las que llamó a seguirlo y a ser sus amigas, su notable aparición después de la Resurrección a una mujer antes de aparecer a todos los demás discípulos, la misión encomendada a las mujeres de llevar la buena noticia de la Resurrección a los Apóstoles, son signos todos que confirman el especial reconocimiento de Cristo a la mujer"
(Familiaris Consortio).

Así, la mujer fue creada para el hombre, y el hombre para la mujer, son un regalo el uno para el otro, y deben verse como tales en los ojos del otro. En la *Teología del Matrimonio*, Juan Pablo II escribió que la recepción de una mujer por un hombre, su manera misma de recibirla, se vuelve como el primer regalo - de tal manera que al darse ella misma (desde el primer momento en el misterio de la creación ella fue "dada" al hombre por el Creador), la mujer al mismo tiempo "se encuentra a sí misma" por ser recibida y por el modo en que es recibida por el hombre. Ella se encuentra a sí misma en su propio don ("mediante el regalo abnegado de sí misma") cuando es recibida como el Creador la quiso, osea, "como y para sí misma", a través de su humanidad y a través de su feminidad, cuando en esta acogida se asegura, alcanzando, la plena dignidad del don. Lo hace a través de la entrega de lo que ella es, en la verdad penetrante de su humanidad, en toda la obviedad de su cuerpo y de su género, o de su feminidad, hasta su profundidad personal y hasta la plenitud de la posesión de sí misma.

La igualdad de dignidad del hombre y la mujer no significa ser idéntico al hombre, como a menudo enfatizan algunas mujeres. En una carta enviada a la IV Conferencia Mundial de la ONU sobre la Mujer (26 de mayo de 1995), Juan Pablo II escribió que:

"Tal identidad sólo empobrecería a las mujeres y a la sociedad en su conjunto, distorsionando o destruyendo la riqueza única y el valor intrínseco de la feminidad. Según la visión de la Iglesia, el hombre y la mujer han sido llamados por el Creador a vivir en profunda comunión recíproca, conociéndose y ofreciéndose como regalos, trabajando juntos por el bien común y complementándose a través de la complementariedad de las cualidades femeninas y masculinas".

Por tanto, la mujer era para el hombre "una ayuda idónea para él" (Génesis 2:18). Comentando esta frase, el Papa escribió: *la mujer debe "ayudar" al hombre -y al mismo tiempo él debe ayudarla a ella- sobre todo en el mero "ser hombre"* (Mulieris Dignitatem). Con ello explica que llegar a ser o ser humano consiste en "encontrarse a sí mismo" experimentando el don desinteresado de sí, que es también la esencia del verdadero amor. La "humanización" del hombre, por tanto, por parte de la mujer consiste en actualizar en él la capacidad de amar, y esto se deduce del hecho de que "la mujer no puede encontrarse a sí misma si no es dando amor a los demás" (Mulieris Dignitatem).

En su Reflexión sobre la Carta Apostólica "Mulieris dignitatem", el padre Marek Chmielewski señala la naturaleza **meditativa de la espiritualidad femenina.** Cabe señalar que, a su entender, la meditación cristiana es una forma de oración que ha suscitado cada vez más interés en los últimos años, porque se percibe comúnmente como un contrapeso a las ansiedades de la existencia moderna y puede aportar sanidad, liberar al hombre del estrés cotidiano y darle paz interior. Refiriéndose a la mujer, afirma que una de las características peculiares de su personalidad espiritual y religiosa es precisamente su capacidad natural de relación meditativa con Dios, el hombre y el mundo que la rodea.

Esto se refleja en las palabras de Juan Pablo II sobre la dignidad y la importancia de la vocación de la mujer y lo que puede restaurarla, en concreto, la experiencia del amor.

"Cristo, que conoce el interior de las personas (Lc 16,15; Hch 1,24), respondió a la necesidad más profunda de la mujer de realizarse en el amor son su actitud, pues "la mujer está llamada desde el principio a ser amada y a amar. (...) la dignidad de la mujer está estrechamente ligada al amor que recibe de su propia feminidad y, al mismo tiempo, al amor que ella a su vez otorga".

(Mulieris Dignitatem).

Es en esta sensibilidad de la mujer hacia Cristo, que el Papa demostró tan ampliamente, donde hay que encontrar el fundamento teológico de la actitud meditativa y de la dimensión meditativa de la espiritualidad de la mujer. También se manifiesta en la sensibilidad hacia el hombre, que en *Mulieris dignitatem* se llamó, probablemente por primera vez en la historia de la Iglesia, "genio de la mujer". De hecho, puede decirse que todo el curso de la meditación del Papa sobre la dignidad y la vocación de la mujer culmina precisamente con esta expresión: "un genio de mujer". Por lo que define esa especial sensibilidad de una mujer por otra persona, el cual solo el amor puede habilitar en el hombre. Y en ello radica todo el poder habilitador de las mujeres.

"La fuerza moral de una mujer, su poder espiritual, está conectado con el conocimiento de que Dios le confía seres humanos de alguna manera especial. Por supuesto, Dios confía a cada persona, a todas las personas y a cada individuo. Sin embargo, esta confianza se aplica de manera especial a la mujer, precisamente por su feminidad, y constituye su vocación de una manera especial. (...) La mujer es fuerte en la conciencia de confiar, fuerte en el hecho de que Dios le "confía al hombre" siempre y en todas partes, incluso en las condiciones socialmente desfavorecidas en las que pueda encontrarse (...) [una mujer] se convierte en un apoyo insustituible y en una fuente de fuerza espiritual para los demás, que perciben en ella grandes energías espirituales".

(Mulieribus Dignitatem).

Gracias a esta conciencia, a esta confianza, la fuerza moral de la mujer puede verse en muchos personajes femeninos conocidos no sólo en los relatos bíblicos, sino también de la historia humana en general.

Volviendo a la pregunta de la igualdad entre el hombre y la mujer, incluida la entrega de sí mismo al otro, vale la pena reflexionar sobre unas palabras del Santo Padre:

"La dignidad y la responsabilidad de las mujeres, iguales a las de los hombres, deben destacarse por encima de todo. Esta igualdad se realiza particularmente en el don atribuido al matrimonio y a la familia, de uno a otro cónyuge y de ambos a sus hijos. Lo que la razón humana por sí sola puede percibir y conocer está plenamente revelado por la Palabra de Dios. La historia de la salvación es, de hecho, un testimonio continuo y glorioso de la dignidad de la mujer".

(Familiaris Consortio).

Estas palabras son también coherentes con el mensaje del Papa Pablo VI, que dijo en uno de sus discursos:

"En el cristianismo, más que en ninguna otra religión, la mujer ha tenido desde el principio un estatuto especial de dignidad, cuyos numerosos aspectos importantes se revelan en el Nuevo Testamento... Es evidente que la mujer debe participar en la estructura viva y activa del cristianismo, de tal manera que saque a relucir aquellas de sus capacidades que aún no se han manifestado.
Está llegando el momento, ya ha llegado el momento, en que la vocación de las mujeres se realice plenamente. El momento en que la mujer irradia su influencia sobre la sociedad y adquiere un poder nunca antes poseído. Por lo tanto, en un momento en que la humanidad está experimentando cambios tan profundos, las mujeres imbuidas del espíritu del Evangelio pueden ser de gran ayuda a la humanidad para que no caiga"

(Mulieris Dignitatem).

Por lo tanto, el papel de la mujer en "salvar" el mundo moderno y del hombre, así como su credibilidad para esta misión, están fuera de toda disputa. La importancia de la mujer en la sociedad y en la Iglesia ha sido repetidamente expuesta en los discursos de Juan Pablo II.

"En nuestra era, los avances en el conocimiento y la tecnología están haciendo posible alcanzar niveles previamente desconocidos de prosperidad material para algunos, lo que desgraciadamente trae consigo la marginación de otros. De este modo, esta prosperidad unilateral también puede traer consigo una pérdida gradual de sensibilidad hacia los seres humanos, hacia lo que es esencialmente humano. En este sentido, sobre todo, nuestro tiempo espera la revelación de ese "genio" de la mujer

*que asegure la sensibilidad hacia el hombre en toda situación
¡porque es hombre! y porque "el amor es lo más grande"*

(1 Cor 13,13) (Mulieribus Dignatatem)

En efecto, en el Espíritu de Cristo cada mujer puede descubrir el pleno significado de su feminidad y convertirse así, por así decir, en regalo abnegado para los demás y, al mismo tiempo, encontrarse a sí misma. Como escribió el Santo Padre,

"A través de una notable yuxtaposición en la Carta a los Efesios, se hace plenamente explícito lo que constituye la dignidad de la mujer tanto a los ojos de Dios el Creador y Redentor, como a los ojos de los humanos: hombre y mujer. Aquí, según el plan eterno de Dios, la mujer es quien encuentra su primera raíz en el orden del amor en el mundo creado para las personas. El orden del amor pertenece a la vida interior de Dios mismo, a la vida trinitaria. En la vida interior de Dios, el Espíritu Santo es la hipóstasis personal del amor. Por medio del Espíritu, el regalo no creado, el amor se convierte en regalo para las personas creadas. Este amor, que viene de Dios, se da a las criaturas: "el amor de Dios ha sido derramado en nuestros corazones por el Espíritu Santo que nos ha sido dado: (Romanos 5:5)"

(Mulieris Dignitatem)

Por lo tanto, es claro que de las palabras del Santo Padre el llamado a la existencia de una mujer junto a un hombre para formar una unidad, permite que el amor de Dios se derrame en los corazones de los seres que han sido creados a su imagen y semejanza. Al llamar a Cristo el Esposo, la Iglesia y la Esposa, también podemos ver esta analogía como una confirmación indirecta de la verdad de la mujer como esposa. El Esposo es el que ama. La novia, en cambio, es amada: es la que experimenta el amor para poder amar a su vez. El Papa resalta que la *dignidad de la mujer está estrechamente ligada al amor que recibe por su feminidad y, al mismo tiempo, con el amor que a su vez otorga.* De este modo, se confirma la verdad esencial tanto de la persona como del amor.

Al decir que la mujer es la que debe experimentar el amor para poder amar a su vez, Juan Pablo II tenía en mente no sólo este acuerdo conyugal específico del matrimonio, sino un ámbito más universal, marcado por la yuxtaposición de la mujer en relación con la totalidad de las relaciones humanas, definiendo de diversas maneras la coexistencia y la interacción entre las personas, concretamente, el hombre y la mujer. El creía que

"En este contexto amplio y multifacético, la mujer tiene un valor especial como persona, y al mismo tiempo una persona concreta que es mujer tiene un valor personal particular debido a su feminidad. Esto se aplica a todas las mujeres y a cada mujer individual, independientemente del contexto cultural en el que viva, independientemente de sus características espirituales, psicológicas o físicas, como la edad, la educación, la salud, el trabajo, el matrimonio o el celibato".

(Mulieris Dignitatem).

El valor de la vocación de una mujer está también ligado a su habilidad de sacrificarse a sí misma por los demás, de darse a ella misma a ellos a diario.

En la Cuarta Conferencia Mundial de Mujeres en Beijing (Junio 29, 1995), Juan Pablo II expresó la siguiente opinión:

"Es sacrificándose cada día por los demás como una mujer expresa la profunda vocación de su vida. Tal vez aún más que un hombre, ella ve la condición humana porque ella lo ve con su corazón. Ella lo ve independientemente de las diversas disposiciones ideológicas o políticas. Ella lo ve en su grandeza y en sus limitaciones, y trata de encontrarlo y ayudarlo. De este modo, en la historia de la humanidad se cumple el plan básico del Creador, que de diversas maneras demuestra continuamente la belleza -no sólo física, sino sobre todo espiritual- con la que Dios ha dotado al hombre, y especialmente a la mujer, desde el principio".

"Para que el derecho de acceso a las diversas tareas públicas se conceda a las mujeres del mismo modo que a los hombres, la sociedad debe crear al mismo tiempo estructuras en las que las mujeres casadas y las madres no se vean obligadas a la práctica de trabajar fuera de casa, y que sus familias puedan vivir con dignidad y prosperar incluso cuando una mujer se dedique por entero a su propia familia.
También es necesario superar la mentalidad de que es más honorable que una mujer trabaje fuera de casa que dentro de la familia. Esto requiere, sin embargo, que los hombres estimen y amen a las mujeres con todo respeto a su dignidad, y que la sociedad cree y desarrolle condiciones favorables al trabajo doméstico".

(Familiaris consortio)

El Papa también aborda el problema del trabajo de la mujer dentro de la familia y enfatiza su importancia y su peso.

"Este trabajo debe valorarse en su justa medida. El trabajo de toda mujer relacionado con dar a luz a un niño, con su lactancia, alimentación y crianza, especialmente en los primeros años, es tan grande que ningún trabajo profesional puede igualarlo."

(Gratissimam sane).

El Padre Piotr Kroczek llama la atención sobre dos postulados hechos por el Santo Padre a los legisladores. El primero es que el trabajo en el hogar debe "recuperar su debida comprensión dentro de la actual ley laboral". Y según el segundo postulado, la maternidad debe entenderse "como un derecho suficiente a una remuneración adecuada, necesaria para sostener a la familia en esta fase tan importante de su existencia".

Sin embargo, el mismo Papa, en una carta enviada a la Cuarta Conferencia Mundial de la ONU sobre la Mujer (26 de mayo de 1995), señaló que

"El problema al que se enfrentan la mayoría de las sociedades es el de reafirmar, o más bien reforzar, el papel de la mujer en la familia, creando al mismo tiempo las condiciones para que pueda utilizar su talento en el proceso de construcción de la sociedad y disfrutar de plenos derechos. Sin embargo, el aumento de la participación de las mujeres en el mercado laboral, en la vida pública y, en general, en los procesos de toma de decisiones de importancia social en pie de igualdad con los hombres seguirá planteando problemas si su costo recae en el sector privado. El Estado tiene el deber de actuar en este ámbito de acuerdo con el principio de subsidiariedad, que debe aplicar mediante iniciativas legislativas y políticas de seguridad social adecuadas. En una economía de libre mercado descontrolada,

hay pocas posibilidades de que las mujeres puedan superar los obstáculos que se encuentran en su camino."

El Santo Padre no dudaba de que la igualdad en dignidad y responsabilidad del hombre y de la mujer justifican plenamente el acceso de la mujer a las funciones públicas. Por otra parte, sin embargo, destacó que la verdadera promoción de la mujer exige un reconocimiento explícito del valor de sus deberes maternales y familiares, tanto en relación con todos los demás deberes públicos como en relación con todas las demás profesiones. Escribió, entre otras cosas, que:

"Además, estos deberes y ocupaciones deben complementarse mutuamente para que el desarrollo social y cultural sea verdadera y plenamente humano. Esto será más fácil si (...) una renovada "teología del trabajo" ilumina y profundiza el significado del trabajo en la vida cristiana y establece el vínculo fundamental que existe entre el trabajo y la familia, y por tanto la importancia primordial e inalienable del trabajo para el hogar y para la educación de los hijos"

(familiaris consortio)

Claramente, el Papa prestó atención al papel especial de las mujeres como esposas y madres. El Rev. Dr.:Tadeusz Syczewski, en su refleccion también se refirió al trabajo de la mujer dentro de la familia, como fue recalcado por Juan Pablo II:

Aunque las perspectivas de trabajo profesional en la sociedad y de apostolado en la Iglesia se abren ante una mujer, nada puede compararse con la extraordinaria dignidad cuya fuente es la maternidad, cuando se experimenta en todas sus dimensiones.

(Las tareas de la familia Cristiana en el mundo moderno)

Así, la personalidad femenina y la realización de su feminidad se revelan más plenamente en dos dimensiones: la maternidad y la virginidad. Desde el punto de vista de la familia, la primera es particularmente importante. Juan Pablo II escribió que:

"Desde el principio, la maternidad incluye una receptividad particular a la nueva persona: es el terreno de la mujer. (...) Esta manera única de comunión con una nueva persona que se está formando crea a su vez una relación humana -no sólo con su propio hijo, sino con los seres humanos en general- que caracteriza profundamente toda la personalidad de la mujer".
(Mulieribus Dignitatem).

Para destacar aún más la dignidad sobrenatural de la maternidad, el Santo Padre, utilizando palabras de la liturgia, declaró que:

"La primera condición para el respeto de los derechos inviolables del ser humano es la reverencia a la madre y el culto a la maternidad"
(Las tareas de la familia Cristiana en el mundo moderno)

Las palabras arriba mencionadas pueden ser suplementadas por las siguientes declaraciones de Juan Pablo II, refiriéndose a la esencia de la maternidad:

"La esencia de la maternidad es] que se refiere a una persona. Está constituida por esa unión única e irrepetible de personas: la madre con el hijo y el hijo con la madre. Incluso cuando la misma mujer es madre de muchos hijos, su relación personal con cada uno de ellos caracteriza la maternidad en su esencia misma. Porque cada hijo nace de una manera única e irrepetible, tanto para la madre como para el hijo. Cada uno es abrazado de manera única e inexpresable por ese amor

maternal en el que se basan su educación y su crecimiento como ser humano"

(Redemptoris Mater, 45).

Juan Pablo II, en una carta enviada a la IV Conferencia Mundial de la ONU sobre la Mujer (26 de mayo de 1995), también expresó su postura sobre la opinión generalizada de que la maternidad limitaría a la mujer y obstaculizaría su capacidad para funcionar en su vida privada y profesional.

"Es necesario combatir la opinión errónea de que la maternidad esclaviza a las mujeres, que su devoción a la familia y especialmente a los hijos les impide realizar sus aspiraciones personales y que a las mujeres como categoría se les impide participar activamente en la sociedad. No sólo los niños, sino también las mujeres y la propia sociedad sufren cuando se hace sentir culpable a una mujer por querer quedarse en casa para criar y cuidar a sus hijos. Por el contrario, la presencia de la madre en la familia, que es tan esencial para la sostenibilidad y el crecimiento de esta unidad básica de la sociedad, debería valorarse, elogiarse y fomentarse en todos los sentidos".

Según Juan Pablo II, el papel principal en la crianza de un niño lo desempeña siempre la madre. Debido a la relación especial que la une al niño, ella le proporciona un sentimiento de seguridad y confianza, sin el cual no sería posible formar adecuadamente su identidad personal y establecer relaciones sanas con los demás. Esta relación también se traduce en la educación religiosa, porque ayuda a orientar el corazón y la mente del niño hacia Dios, mucho antes de que comience la educación religiosa formal. Pero esta misión es tan importante y delicada que ninguna madre debería quedarse sola para llevarla a cabo. Sólo la presencia y los cuidados de ambos progenitores, así como la calidad de la relación entre ellos, pueden influir adecuadamente en el desarrollo y el funcionamiento del niño y en sus relaciones con los demás.

De las consideraciones anteriores se deduce que el tiempo dedicado a la crianza de un niño es especialmente valioso, ya que determina el futuro de la persona humana, de la familia e incluso de la sociedad en su como tal. También es importante para la paz en el mundo, como nos recordó Juan Pablo II en su mensaje, al decir que:

"Para educar por la paz, la mujer debe ante todo cultivarla en su interior. La fuente de la paz interior es la conciencia de que uno es amado por Dios y la voluntad de responder a su amor. (...) [Por tanto, las mujer]es deben convertirse en pacificadoras en toda su vida y en todas sus acciones: deben ser testigos, anunciadoras y maestras de paz en las relaciones entre las personas y las generaciones, en la familia y en la vida cultural, social y política de las naciones, especialmente donde hay conflictos y guerras. Que recorran sin cesar el camino de la paz, que muchas mujeres antes que ellas ya han emprendido, dando testimonio de su valentía y de su visión del futuro!"

(Mensaje para la XXVIII Jornada Mundial de
la Paz, Vaticano, 8 de diciembre de 1994)

Como podemos ver, la posición de la mujer, su dignidad y la importancia de su vocación, su importante papel tanto en la familia como en la sociedad, su fuerza espiritual y moral, fueron temas tratados muy a menudo en los discursos del Papa. Apreció el "genio de la mujer", su capacidad de amar y ser amada, de dar y recibir. Sus palabras son un regalo precioso para todas las mujeres. Por último, quisiera citar la carta apostólica Mulieribus Dignitatem, en la que el Santo Padre Juan Pablo II escribió:

"Por eso la Iglesia está agradecida por todas las mujeres y por cada una de ellas:
- *madres, hermanas, esposas;*
- *por la mujer consagrada a Dios en la virginidad,*
- *por las que se ponen al servicio de tantas personas esperando el amor desinteresado de los demás;*
- *por las que velan por la humanidad en la familia, que es el signo primario de la comunidad humana;*
- *por la mujer en el trabajo profesional,*
- *para las que a menudo tienen grandes responsabilidades sociales,*
- *a las mujeres "valientes" y a las mujeres "débiles", a todas las mujeres:*
- *tal como fueron concebidas por Dios en toda la belleza y riqueza de su feminidad;*
- *tal como han sido abrazadas por su amor eterno;*
- *así como, junto con el hombre, son peregrinas en esta tierra, "patria" terrenal de los hombres, y que a menudo se convierte en "valor de lágrimas";*

- *como junto con el hombre se hacen corresponsables del destino de la humanidad según las exigencias de la vida diaria y de aquellos destinos últimos que la familia humana encuentra en Dios mismo, en el seno de la inefable Trinidad".*

(Mulieribus Dignatetem).

**Repitiendo después del mismo Papa,
Queridas Mujeres, les damos gracias...**

Hombre

*"Feliz el esposo quien se compromete con el temor de
Dios gran regalo de la esposa el amor y le corresponde"*
(Milujcie sie)

La igualdad y la dignidad del hombre y la mujer como seres humanos se han mencionado varias veces en reflexiones anteriores. Este es un asunto importante no sólo para las mujeres, sino también para los hombres. Juan Pablo II destacó repetidamente que sólo el respeto y la comprensión mutuos pueden hacer que su relación sea duradera y significativa.

"El auténtico amor conyugal presupone y requiere que el hombre respete profundamente la igual dignidad de su esposa: "No eres su señor -escribe san Ambrosio-, sino su esposo; no te ha sido dada para ser tu esclava, sino tu esposa... Corresponde a su atención hacia ti y agradécele su amor". [69] Con su esposa, el hombre debe vivir "una forma muy especial de amistad personal". En cuanto al cristiano, está llamado a desarrollar una nueva actitud de amor, manifestando hacia su mujer una caridad a la vez dulce y fuerte, como la que Cristo tiene para con la Iglesia" [70].

(Familiaris consortio).

El énfasis del Santo Padre en la igualdad entre el hombre y la mujer también se refiere a la experiencia plena del hombre sobre su propia masculinidad. Su dignidad y su papel como esposo se basan en un diálogo de amor y en la capacidad de apreciar a su esposa. El Papa opinaba que

"En la mujer, el hombre encuentra una compañera con la que puede dialogar en plena igualdad. Este deseo de diálogo, que no fue satisfecho por ninguna otra criatura viviente, explica el espontáneo grito de asombro del hombre cuando la mujer, según el evocador simbolismo de la Biblia, fue creada a partir de una de sus costillas: "Ésta al fin es hueso de mis huesos y carne

de mi carne" (Gn 2:23). Este fue el primer grito de amor que resonó en la tierra".

(Mensaje de Su Santidad el Papa Juan Pablo II para la XXVII Jornada Mundial de la Paz: Mujeres: Maestras de Paz, 1 de Enero de 1995).

El amor, la capacidad de recibirlo y de entregarse a la otra persona, es lo que constituye la esencia del matrimonio, que se basa en el vínculo entre un hombre y una mujer. Según John Paull II, las mujeres tienen la capacidad natural única de amar, pero ¿y los hombres? ¿Son capaces de dar amor o sólo se dejan amar? Pues bien, el Santo Padre creía que la capacidad de amar no es exclusivamente una cuestión de género. Decía que

"Amar verdadera y plenamente es posible para quien es capaz de "poseer" su deber, de poseerse a sí mismo: poseer para convertirse en "un don para los demás". Cristo nos enseña todo lo suyo no sólo con su palabra, sino también con su ejemplo"

(Homilía, Vaticano, 24 de febrero de 1981).

En las mujeres, esta capacidad es natural, aunque históricamente se conocen ejemplos de mujeres que actuaron en contra de su feminidad y vocación, de mujeres incapaces de amar. A los hombres se les enseña a amar, tanto a aceptarlo como a darlo. Por esta razón, Juan Pablo II se dirigió repetidamente a los hombres:

"Maridos, amad a vuestras mujeres, así como Cristo amó a la Iglesia y se entregó a sí mismo por ella para santificarla, purificándola mediante el baño del agua con la palabra, a fin de presentarse a sí mismo la Iglesia en esplendor, sin mancha ni arruga ni cosa semejante, para que sea santa y sin mancha. Así [también] deben amar los maridos a sus mujeres como a sus propios cuerpos. El que ama a su mujer, se ama a sí mismo. Porque nadie odia su propia carne, sino que la cuida y la aprecia, como Cristo a la

Iglesia, porque somos miembros de su cuerpo. Por eso dejará el hombre a su padre y a su madre y se unirá a su mujer, y los dos serán una sola carne". (Efesios 5, 15-31)

El Santo Papa tambien estaba convencido que

"El segundo relato de la creación desde el principio asigna al hombre la función de receptor primario del don (cf. Gn 2:23). La mujer le es confiada desde el principio a sus ojos, a su conciencia, a su sensibilidad, a su corazón, mientras que a él se le supone en cierto modo la salvaguardia del proceso mismo de intercambio de dones, de ese dar y recibir recíproco que, justamente por esa reciprocidad, constituye una auténtica comunión de personas".

(Teologia de Matrimonio).

Por tanto, si en el misterio de la creación una mujer es "dada" a un hombre, y él, en toda la verdad del interior de su persona y feminidad, la recibe como regalo confiriéndole así también su don, entonces en esta relación recíproca él mismo es también conferido -tanto con el regalo de su persona y feminidad, como con su propio regalo. El Santo Padre enfatizó que:

"Este don masculino - la respuesta al regalo de la mujer - dona al hombre mismo, porque en él se revela, por así decirlo, la esencia distintiva de su masculinidad, que llega a través de toda la obviedad de su cuerpo y sexo a la misma profundidad de "auto-posesión" por la que el hombre es capaz tanto de darse a sí mismo como de recibir el regalo del otro. El hombre, entonces, no sólo recibe el regalo, sino que al mismo tiempo es recibido como regalo por una mujer en esta revelación, junto con toda la verdad de su cuerpo y sexo, de la esencia interior y espiritual de la masculinidad misma. El hombre que es recibido de este modo es a su vez mutuamente investido por esta recepción y por esta aceptación del don de su masculinidad. A su vez, esta recepción en la que el hombre se encuentra a sí mismo a través del "regalo desinteresado de sí mismo ", se convierte en él en la fuente de un nuevo y más profundo regalo de sí mismo a la mujer".

(Teologia de Matrimonio)

El intercambio descrito anteriormente es, por tanto, recíproco, y esta reciprocidad también se relaciona con los efectos auto-reveladores y crecientes de este "regalo desinteresado ", y el " descubrimiento de uno mismo ".

El primer papel de un hombre en la familia es ser marido, y su vocación es hacia la mujer que se ha convertido en su esposa. El Papa señala que en el plan de la creación de Dios, es la mujer la que da un nuevo sentido a la existencia del hombre. Ella es la única que puede llenar el vacío en su vida, liberarle de la soledad y proporcionarle ayuda y socorro adecuados. Además, la mujer fascina y sorprende constantemente al hombre, su desposado. Así, al relacionarse y afirmarse como marido y padre a la vez. Debe ser muy consciente de su don y de su vocación, como nos ha recordado repetidamente Juan Pablo II:

"Dentro de la comunión-comunidad conyugal y familiar, el hombre está llamado a vivir su don y su papel de esposo y padre. En su esposa ve el cumplimiento de la intención de Dios: "No es bueno que el hombre esté solo, le haré una ayuda idónea para él" [67], y le hace suyo el grito de Adán, el primer esposo: "Esto al fin es hueso de mis huesos y carne de mi carne"

(Familiaris consortio)

En sus discursos y escritos, el Santo Padre mostró también que a través del amor a su esposa, que se ha convertido en madre, y del amor a su hijo, el hombre es capaz de comprender y realizar naturalmente su propia paternidad. Y es esto, junto con el ser esposo, lo que constituye verdaderamente su vocación y su vida. El Papa escribió que:

Cuando, en unión con el Apóstol, doblamos las rodillas ante el Padre de quien procede toda paternidad y maternidad (cf. Ef 3,14 - 14), nos damos cuenta de que la paternidad es el acontecimiento por el que la familia, ya constituida por la alianza conyugal del matrimonio, se realiza "en sentido pleno y específico". La maternidad implica necesariamente la paternidad.

Este es el resultado de la dualidad otorgada por el Creador a los seres humanos "desde el principio"

(*Gratissiman sane*).

De acuerdo con el Papa, la paternidad implica una gran responsabilidad y cuidado de la familia, y una exigente madurez.

"Al revelar y revivir en la tierra la misma paternidad de Dios, el hombre está llamado a asegurar el desarrollo armonioso y solidario de todos los miembros de la familia: el realizará esta tarea ejerciendo una generosa responsabilidad sobre la vida concebida bajo el corazón de la madre, mediante un compromiso más solícito en la educación, tarea que comparte con la esposa, mediante un trabajo que nunca sea causa de división en la familia, sino que promueva su unidad y estabilidad, y mediante el testimonio que dé de una vida Cristiana adulta que introduzca eficazmente a los hijos en la experiencia viva de Cristo y de la Iglesia".

(*Familiaris Consortio*)

Refiriéndose a la masculinidad, Juan Pablo II llamó la atención sobre el debilitamiento de las costumbres y de los vínculos entre las personas, mostrando que la ruptura familiar es cada vez más frecuente. Y no se trata sólo de la separación de los cónyuges, sino también de la evasión por parte del hombre de su papel de esposo y padre, y del abandono o abuso de la familia, tanto físico como psicológico. El Santo Padre lo ha destacó:

"Sobre todo donde las condiciones sociales y culturales incitan tan fácilmente al padre a preocuparse menos de su familia o, en todo caso, a involucrarse menos en la tarea educativa, hay que esforzarse por restablecer socialmente la convicción de que el lugar y la tarea del padre en y para la familia son de una importancia única e insustituible. Como enseña la experiencia, la ausencia de un padre provoca desequilibrios psicológicos y morales y notables dificultades en las relaciones familiares, al igual que, en circunstancias contrarias, la presencia opresiva de un padre, sobre todo allí donde todavía prevalece el fenómeno del "machismo" o de una errónea superioridad de las prerrogativas masculinas que humilla a la mujer e inhibe el desarrollo de relaciones familiares sanas".

(Familiaris consortio).

Volviendo a la responsabilidad del hombre para con su familia, es importante señalar su papel tradicional como la persona que provee para su mujer y a sus hijos. Durante muchos siglos y generaciones, trabajar para ganar dinero y mantener a la familia ha sido una de las principales responsabilidades del hombre. Sin embargo, según Juan Pablo II, esta opinión generalizada era inaceptable porque reducía el papel del hombre en la familia sólo a este deber, y confirmaba así la validez del absurdo dicho: " Un buen padre es el que no se emborracha y trae mucho dinero a casa". Sí, el Papa no negaba que el trabajo fuera necesario, pero opinaba que no debía obstaculizar, ni siquiera impedir, que el hombre cumpliera las muchas otras tareas que tiene en relación con su mujer y sus hijos. Y esto nos lleva a la reflexión de que nuestra realidad actual se desvía considerablemente de este principio obvio.

Adelantándome a la pregunta de por qué aparece tan poco contenido en esta sección del libro dedicada a los hombres, respondo que Juan Pablo II no prestó, indebidamente más atención a las mujeres en absoluto, ni yo, siendo una mujer yo misma. En pocas palabras, el papel del hombre como cabeza de familia, como esposo y padre, como ser humano, ha sido claro y no ha cambiado desde hace siglos. No hay necesidad de luchar para que aparezca en la conciencia social, para que se note o se aprecie. Por lo tanto, hay menos que decir al respecto, aunque el contenido en sí sea duradero e importante. Porque el hombre es el complemento de la mujer, su esposo, una de las dimensiones de su vocación. Sólo ellos dos forman una unidad: la perfección divina creada a Su imagen y semejanza.

Matrimonio

*El matrimonio es el camino hacia la santidad,
incluso cuando se convierte en vía crucis.
(Homily, Stary Sacz, 16 de Junio 1999)*

La familia siempre se ha entendido como la primera y fundamental manifestación de la naturaleza social del hombre. Hoy se entiende de la misma manera. Tiene su origen en la comunidad matrimonial, descrita por el Concilio Vaticano II como una "alianza". El Santo Padre repitió que "en esta alianza un hombre y una mujer se dan y se reciben uno al otro". El matrimonio sacramental es, pues, una alianza de personas en amor. *Y el amor sólo puede estar fundamentado y protegido por el amor, ese Amor que "ha sido derramado en nuestros corazones por medio del Espíritu Santo que nos fue dado" (Romanos 5:5) (Gratissimam sane).*

¿Y qué es el amor, según Juan Pablo II? Dirigiéndose a los jóvenes, explicó esta pregunta de la siguiente manera:

"Amar significa estar con la Persona que se ama (Yo estoy contigo), significa al mismo tiempo: estar con el Amor con el que soy amado. Amar significa más aún: recordar. Caminar, por así decirlo, con la imagen de la Persona amada en los ojos y en el corazón. Significa también contemplar ese Amor con el que soy amado y profundizar cada vez más en su grandeza Divina y Humana. Amar significa, finalmente, ser vigilante".

(De las direcciones a los jóvenes, Czestochowa, Junio 18 1983)

El Papa enfatizó repetidamente la esencia y el papel del amor en la vida del hombre y la mujer.

"El hombre no puede vivir sin amor. El hombre sigue siendo un ser incomprensible para sí mismo, su vida carece de sentido a menos que el Amor le sea revelado, a menos que se encuentre con el Amor, a menos que lo toque y de alguna manera lo haga suyo, a menos que encuentre en él una participación viva"

(Redemptor hominis).

Según el Santo Padre, del amor dependen muchas cosas, tanto en la vida de un individuo como en la de toda la sociedad, la nación e incluso el mundo.

"No hay felicidad, ni futuro para el hombre y la nación sin amor, un amor que perdona sin olvidar, sensible a la infelicidad de los demás, que no busca lo suyo, sino que desea el bien para los demás; un amor que sirve para olvidarse de sí mismo y está dispuesto a dar generosamente. Estamos, pues, llamados a construir un futuro basado en el amor a Dios y al prójimo. Construir una "civilización del amor".

(Homily, Sopot, 5 de Junio de 1999).

El concepto de "civilización del amor" no sólo ha sido aceptado en las enseñanzas de la Iglesia, sino que se ha establecido de forma más general. El término civilización procede del latín civis, que significa ciudadano, y hace hincapié en las dimensiones sociales y políticas de la existencia de cada uno. Sin embargo, el significado más profundo del término no es en absoluto político, sino humanístico. De hecho, las civilizaciones pertenecen a la historia del hombre y corresponden a su espiritualidad y moralidad: "creado a imagen y semejanza de Dios, recibió el mundo de manos del Creador con la tarea de crearlo a su imagen y semejanza. En esta tarea y en su cumplimiento está la fuente de la civilización, la cual debe entenderse, en última instancia, como la "humanización" del mundo.

Según las enseñanzas papales, el matrimonio también debe constituir una comunidad eclesial. Su agente causal es el Espíritu Santo, que es "la fuente viva y el alimento inagotable de la comunión sobrenatural que reúne y vincula a los creyentes con Cristo y entre sí mismos, en la unidad de la Iglesia de Dios". *(Familiaris consortio).* A esta comunidad aún en la antigüedad se le llamaba justamente "la iglesia doméstica".

El matrimonio como sacramento se celebra a través de las palabras pronunciadas por los recién casados, que en el orden de la intencionalidad significan lo que (o más bien: quiénes) los dos están determinados a ser de ahora en adelante el uno para el otro y juntos. Juan Pablo II, refiriéndose a las palabras: "Te tomo por esposa", "Te tomo por esposo", escribió que

estas palabras están en el centro de la liturgia del matrimonio como sacramento de la Iglesia. Las palabras son pronunciadas por los novios, incorporándolas a la fórmula de un voto sacramental: "Te prometo amor, fidelidad y honestidad en el matrimonio - y que no te dejaré hasta que la muerte nos separe". El voto se completa con otro voto: "Ayúdame, Señor Dios Todopoderoso y Trino, y todos los Santos". Al pronunciar estas palabras, contraen matrimonio y, al mismo tiempo, lo aceptan como sacramento del que ambos son ministros.

(teologia del Matrimonio)

Las palabras del voto matrimonial antes citado portan el eterno "lenguaje corporal" pero cada vez único e irrepetible, y lo sitúan en el contexto de una comunión de personas. El hombre y la mujer se convierten en un regalo el uno para el otro - un regalo en su masculinidad y feminidad - descubren el significado conyugal del cuerpo, y lo relacionan entre sí de forma irreversible, y espiritual en la dimensión de la vida entera. Según el Papa,

"Las palabras del voto matrimonial declaran lo que constituye el bien común - en primer lugar, del matrimonio y, a su vez, de la familia. El bien común de los cónyuges es el amor, la fidelidad y la honestidad, y la permanencia de su unión hasta la muerte. Este bien de ambos es al mismo tiempo el bien de cada uno. A su vez se convertirá en el bien de sus hijos".

(Gratissimam sane).

Juan Pablo II nos recuerda que el hombre deja a su padre y a su madre para unirse a su mujer (Gn 2: 24), que es una elección consciente y libre que da origen a la alianza matrimonial, y hace del hijo el marido, y de la hija la mujer. Cristo en el Evangelio, en su conversación con los fariseos cita las mismas palabras, añadiendo: *Y así ya no son dos, sino una sola carne. Por tanto lo que Dios ha unido, que no lo separe el hombre.* (Mt 19:6). Esta elección consciente y libre se basa en el amor: la naturaleza de la unidad conyugal está coronada por las palabras: *El que ama a su mujer se ama a sí mismo* (Ef 5:28). De este modo, el amor hace del otro su propio yo, es decir, por el amor el yo de la esposa se convierte de algún modo en el yo del esposo, y viceversa. Juan Pablo II lo explico de esta manera:

"Es una unidad moral, condicionada por el amor y moldeada por el amor. El amor no sólo une a dos sujetos, sino que les permite compenetrarse de tal manera, perteneciéndose espiritualmente el uno al otro, que el autor de la carta puede afirmar: "quien ama a su mujer se ama a sí mismo". En cierto modo, "yo" se convierte en "tú" y "tú" en "yo" (en un sentido moral, por supuesto)"

(Theology of marriage).

Según el Papa, la fuente de todo amor -conyugal, parental, comunitario- es Dios:

"El Evangelio del amor es la fuente inagotable de todo lo que alimenta la familia humana como 'comunión de personas'. En el amor encuentra apoyo y sentido pleno todo el proceso educativo como fruto maduro del amor de los padres. A pesar de todas las dificultades, todos los sufrimientos y las decepciones que acompañan a la crianza de un ser humano, el amor sigue superando la prueba más dura. Para superar esta prueba se necesita una fuente de poder espiritual. Esa fuente se encuentra invariablemente en Aquel que "amó hasta el fin..." (Jn 13,1).

(Gratissimam sane).

Al mismo tiempo, El Santo Papa agrega que:

"El amor entre un hombre y una mujer en el matrimonio... es vivificado y sostenido por un dinamismo interno, incesante, que conduce a la familia a una comunión cada vez más profunda y fuerte, que es fundamento y principio de la comunidad conyugal y familiar".

(Familiaris consortio)

La comunión entre los esposos es la primera en surgir y desarrollarse. En virtud del pacto de amor conyugal, el hombre y la mujer "ya no son dos, sino una sola carne", y su llamado se convierte en luchar por un crecimiento continuo en esta comunión "a través de la fidelidad diaria a la promesa conyugal del regalo total mutuo". Como afirma Juan Pablo II:

"Esta comunión conyugal tiene sus raíces en la complementariedad natural del hombre y de la mujer y se refuerza por la disponibilidad personal de los esposos a compartir todo el programa de la vida, lo que tienen y lo que son. De ahí, dicha comunión es el fruto y signo de una profunda necesidad humana. Pero en Cristo Señor, Dios acoge esta necesidad humana, la confirma, la purifica y la eleva, llevándola a la perfección en el sacramento del matrimonio".

(Familiaris consortio).

Según esta enseñanza, el Amor es esencialmente un don. Y el amor conyugal, al mismo tiempo que conduce a los esposos a un mutuo "conocimiento" que los hace "una sola carne", no se agota entre los dos, pues los capacita para la mayor devoción, por la que se convierten en socios con Dios al dar el don de la vida a una nueva persona humana. "De este modo, los esposos, entregándose el uno al otro, engendran una nueva realidad: un hijo, reflejo vivo de su amor, signo permanente de la unidad conyugal y síntesis viva e inseparable de la paternidad y de la maternidad" (Familiaris consortio).

Juan Pablo II señala también que la perspectiva comunitaria del matrimonio nos exige ver bajo una nueva luz los derechos y deberes de las mujeres, las tareas de los hombres como esposos y padres, y el papel de los niños y los ancianos en la familia. Debemos tener presente que no se trata sólo de derechos y deberes de carácter organizativo, legal o social, sino también espiritual. El Papa habla de la necesidad de respetar la distinción entre la vocación del hombre y la vocación de la mujer, y expresa su preocupación por la dignidad de la mujer y la esencia de la paternidad, que debe entenderse a través de su "amor por su esposa, que se ha convertido en madre, y su amor por sus hijos". De ahí proviene "la gracia y la exigencia de una auténtica y profunda espiritualidad del matrimonio y de la familia". (Familiaris consortio).

El Papa también señala que de este amor, entendido como una dimensión esencial de espiritualidad conyugal, fluye la hospitalidad y receptividad a los demás. Por lo tanto, se debe entender:

"Que importante papel desempeña la espiritualidad en la familia. Asistir a misa juntos, rezar por la noche, rezar el rosario juntos. La adherencia a valores comunes que se convierten en los fundamentos de la familia"

(Theology of marriage).

Además de compartir valores, la oración en familia es también esencial para la espiritualidad conyugal, obteniendo "su contenido original de la propia vida familiar" y ser un testimonio mutuo de la fe profundamente arraigada en la vida cotidiana de los cónyuges, de sus hijos e incluso de otras personas ajenas a la familia.

La encíclica papal *Humanae vitae* nos permite construir un esquema de la espiritualidad conyugal. Según su mensaje:

"Es aquel tipo de espiritualidad en el que -teniendo en cuenta el orden "biológico" y al mismo tiempo la castidad sostenida por el donum pietatis- La armonía interior del matrimonio es formada, vinculada a lo que la encíclica llama la "doble función del signo". Esta armonía significa que los cónyuges se comunican entre sí en la verdad interior del " lenguaje del cuerpo ".

El vínculo que existe entre esta "verdad" y el amor es inviolable. El Santo Padre explica también este concepto:

"El don de reverencia que el Espíritu Santo inspira a los esposos tiene un gran significado para estos "signos de amor", porque va de la mano con una capacidad de profundo afecto y admiración, una concentración desinteresada en la belleza "visible" y al mismo tiempo "invisible" de la feminidad o masculinidad - y finalmente: un profundo sentido de entrega desinteresada al "otro"

(Teologia del Matrimonio).

En su estudio La espiritualidad según Juan Pablo II, el padre Marek Chmielewski indica que el resultado de este poder espiritual del matrimonio y la familia en la dimensión social es su soberanía espiritual, mientras que su valor derivado es el poder y la fortaleza espirituales de la nación. Así lo confirman las propias palabras del Papa, según las cuales:

"Una nación verdaderamente soberana y espiritualmente fuerte está siempre compuesta por familias fuertes: familias conscientes de su vocación y misión en la historia. En el centro de todos estos asuntos y tareas está siempre la familia"

(Gratissimam Sane).

Como es bien sabido, Juan Pablo II utilizó a menudo dos frases en el contexto de las familias y especialmente del matrimonio, refiriéndose a diferentes asuntos relacionados. La primera, más general, es la **civilización del amor,** y la segunda, más específica, la **paternidad responsable**. Llamó al Himno al Amor de la Primera Carta de San Pablo a los Corintios la gran carta de la civilización del amor. Subrayó que

No sólo se trata de las manifestaciones individuales (tanto del egoísmo como del altruismo), sino sobre todo de aceptar la definición del hombre como persona que "se da cuenta a sí misma" mediante el don desinteresado de sí misma. El don es -por supuesto- el don a los demás, "para los demás": ésta es la dimensión más importante de la civilización del amor.

(Gratissimam Sane).

No será un gran descubrimiento decir que no basta al hombre con relaciones puramente funcionales. Él necesita relaciones interpersonales que lleguen a lo más profundo de su ser y que expresen una entrega totalmente desinteresada de sí mismo. Entre tales vínculos, desempeñan un papel fundamental las relaciones en el seno de la familia, especialmente entre cónyuges y entre padres e hijos. El Santo Padre señaló que:

"Toda una inmensa red de relaciones humanas nace y renace continuamente gracias a ese vínculo por el que un hombre y una mujer reconocen que están hechos el uno para el otro y deciden unir sus caminos, formando una sola comunidad de vida: "Por eso deja el hombre a su padre y a su madre y se une a su mujer tan estrechamente que se hacen una sola carne" Génesis 2: 24).

¡Una sola carne! Es difícil no ver todo el poder de esa expresión. En el sentido bíblico, la palabra "carne" no significa meramente la naturaleza física del hombre, sino toda su identidad espiritual y corporal. Los esposos forman no sólo una comunidad de cuerpos, sino una verdadera unidad de personas. Es una unidad tan profunda que se convierte en la realidad temporal en un reflejo, por así decirlo, del "Nosotros" de las tres divinas personas de la Trinidad".

(Sermón de la Misa por el Jubileo de las Familias, 15 de Octubre 2000)

Vale la pena mencionar aquí que el segundo concilio vaticano, profundamente preocupado por la pregunta sobre el hombre y su llamado, proclama que: "la unión conyugal, la bíblica 'una sola carne' (una caro), no puede comprenderse y explicarse plenamente sino en términos de 'persona' y de 'don'. Todo hombre y toda mujer no se realizan plenamente si no es mediante el don desinteresado de sí mismos". Juan Pablo II, en su carta a las familias (Gratissimam Sane), completa este mensaje de la siguiente manera:

"El momento de la unión matrimonial es la experiencia más especial de este don. El hombre y la mujer, en toda la "verdad" de su masculinidad y feminidad, se convierten en ese momento en un regalo el uno para el otro. Toda la vida conyugal es un regalo, pero se refiere de modo especial

a ese momento exacto en que los esposos, al entregarse el uno al otro en amor logran el encuentro que los convierte a los dos en "una sola carne"

El momento de entregarse el uno al otro en el amor es también un momento de especial responsabilidad por la paternidad potencial asociada al acto conyugal. Así lo subraya el Papa:

"En ese mismo momento pueden convertirse en padre y madre, dando lugar a una nueva existencia humana que, a su vez, tiene lugar en la propia mujer. Ella es la primera en saber que se ha convertido en madre y, a través de su testimonio, el hombre con el que se ha unido 'en carne' se da cuenta, a su vez, de que se ha convertido en padre. De esta paternidad potencial y luego concretizada, él es responsable junto con ella".

(Gratissimam Sane).

A la luz de estas consideraciones, es fácil ver que, según el Santo Padre, el matrimonio conlleva una responsabilidad particular por el bien común, primero de los cónyuges y después de la familia. Este bien común es un bien humano, con valor de persona, medida de la dignidad humana. Por eso, no es de extrañar que Juan Pablo II utilizara el término paternidad responsable, porque ser padre significa ser responsable de una nueva vida. De la enseñanza del Papa, vemos que:

"Los esposos aprenden lo que es la paternidad responsable de su propia experiencia y, al mismo tiempo, de la experiencia de otros matrimonios que viven en circunstancias similares, lo que también les hace más receptivos a estas enseñanzas. En cierto sentido, los " aprendices " aprenden "de sus esposos" para a su vez, enseñar de forma más competente a los demás lo qué es la paternidad responsable y cómo ponerla en práctica"

(Gratissimam Sane).

Al hacerlo, el Santo Padre señaló repetidamente que

"La paternidad sólo crea para sí la adecuada coexistencia y cooperación de personas independientes. Esto es particularmente cierto en el caso de la madre cuando se concibe un nuevo ser humano. Los primeros meses de su existencia en el vientre de la madre crean un vínculo especial que, en gran medida, es ya de naturaleza educativa. (...) El hombre-padre no participa directamente en este proceso. Sin embargo, debe involucrarse conscientemente en la espera del hijo que va a nacer, y de ser posible también en el momento de su nacimiento.
Para la "civilización del amor" es esencial que el hombre se sienta favorecido por la maternidad de la mujer, su esposa. Y esto, a su vez, tiene una enorme influencia en todo el proceso de crianza. Mucho depende de si participa en esta primera fase de la humanidad y de cómo lo hace, si integra su masculinidad y su paternidad en la maternidad de su esposa".

(Gratissimam sane).

El elemento más profundo y mejor definidor de la paternidad es, según el Santo Padre:

"El amor paterno y materno, que encuentra en la obra de la crianza la realización de un perfecto servicio a la vida: el amor paterno se convierte, desde el principio, en el alma y, por tanto, en la norma, que inspira y da dirección a toda la actividad educativa concreta, enriqueciéndola con frutos de amor tan preciosos como la ternura, la constancia, la bondad, el servicio, la abnegación y el espíritu de sacrificio."

(Familiaris consortio).

Según las enseñanzas de John Paull, la crianza debe entenderse ante todo como la entrega de humanidad, y esta entrega es bilateral. Los padres otorgan su humanidad madura al niño, es decir, al recién nacido, que a su vez les otorga toda la novedad y frescura de la humanidad que trae al mundo. ¿No es justo, entonces, que la Iglesia pregunte a los recién casados, en el momento de su boda, si quieren "acoger amorosamente y educar católicamente a la descendencia que Dios les [concederá]"?

El Santo Padre destacó que el amor conyugal se expresa precisamente en la educación como verdadero amor paternal.

"La comunión de las personas, que nace al principio de la familia como amor conyugal, se completa con la educación y se extiende a los hijos. Se trata de recoger toda la riqueza potencial de cada persona que crece en el seno de una familia; se trata de no dejarla perecer ni degenerar, sino de actualizarla en una humanidad cada vez más madura. Y se trata también de un proceso recíproco: los educadores--padres son al mismo tiempo, en cierto modo, educados. Al enseñar la humanidad a sus hijos, ellos mismos la conocen de nuevo y la aprenden de nuevo".

(Gratissimam sane).

Por tanto, debe entenderse como una interacción mutua, una entrega del don del amor y de la humanidad". El Papa añade que:

"En la medida en que los padres, al otorgar la vida, participan en la acción creadora de Dios, se convierten ambos en partícipes de su pedagogía paterna y a la vez materna a través de la educación. La Paternidad Divina -según San Pablo- es el modelo de toda paternidad en el universo (cf Ef 3:14-15), y es en particular el modelo de la maternidad y paternidad humanas".
(Gratissimam sane).

Cuando se habla de matrimonio, no se puede pasar por alto que tanto el amor como su pacto deben alimentarse. Hay que respetarse, aceptarse y escucharse. Cuidar no sólo en beneficio propio "yo", sino también "nosotros". El Santo Padre llamó a este diálogo conyugal y exhortó a los esposos a utilizarlo para alimentar su amor. Escribió, entre otras cosas, que:

"Al esforzarse en desarrollar una actitud de escucha y de aceptación mutua que sostenga y desarrolle el amor entre los cónyuges, conviene practicar el "diálogo conyugal". A través de una conversación sincera, los cónyuges pueden expresar su amor sin juzgar a su pareja y sin temor a que ésta los juzgue, guiados por una justa preocupación por la verdad en sus relaciones mutuas, mostrando una ternura y cordialidad que favorecen el diálogo y el crecimiento personal y son fuente de felicidad".
(Carta a los Equipes Notre-Dame, 27 de noviembre de 1997).

De acuerdo al Papa, este diálogo marital constituye:

"un testimonio concreto de la mutua responsabilidad conyugal que cada uno acepta en el sacramento: la responsabilidad de 'ser el uno para el otro y para sus hijos testigos de fe y de amor"

(Lumen gentium).

Según Juan Pablo II, este diálogo conduce a una comunicación profunda y fomenta el crecimiento personal. Marido y mujer, constantemente renovados por su diálogo de amor, que les permite construir una relación auténtica, pueden vivir en paz y gozo cumpliendo todos sus deberes (conyugales y parentales).

"De este modo dan un testimonio convincente, especialmente a sus propios hijos. (...) El ambiente acogedor de la vida familiar, abierto a todos, permite a los jóvenes pasar por las sucesivas etapas de la madurez psicológica y espiritual"

(Carta a los Equipes Notre-Dame, 27 de noviembre de 1997).

El amor conyugal también tiene un aspecto moral. Como señaló el Santo Padre, con la frase *Maridos, amad a vuestras mujeres, porque también Cristo amó a la Iglesia,* la Escritura destaca este deber moral.

"Pero para que tal deber sea recomendable, hay que aceptar que en la esencia misma del matrimonio se refleja y realiza algo de lo que tiene lugar entre Cristo y la Iglesia. Hay que suponer que en la esencia misma del matrimonio se contiene alguna parte del mismo misterio"

(Teologia del Matrimonio).

Las palabras citadas anteriormente son muy significativas porque hacen hincapié en la relación mutua entre el hombre y la mujer en el matrimonio. El amor conyugal implica verdadera unidad y entrega desinteresada de uno mismo a otra persona. Según el Papa:

"Es un deseo nacido del amor conyugal que significa que el " regalo desinteresado " de la mujer debe encontrar su respuesta y su cumplimiento en el correspondiente " regalo " del hombre. Sólo así ambos, y especialmente la mujer, pueden "encontrarse a sí mismos" como verdadera "unión de dos" en el respeto de la dignidad de cada uno. La unión conyugal exige el respeto y el perfeccionamiento de la verdadera subjetividad personal de ambos"

(Mulieribus Dignatatem).

Juan Pablo II enfatizó que:

"[este] don conlleva una concentración profunda y exhaustiva en una persona -abarca con esta concentración a toda la persona en su feminidad y masculinidad- y crea así una atmósfera interna de unión personal. Sólo en esta atmósfera de unión personal la paternidad conyugal, la paternidad que llamamos "responsable" puede madurar adecuadamente"

(Teologia del Matrimonio).

Así, la lógica del regalo total de uno mismo al otro abre a los cónyuges a su potencial para la paternidad, pues de este modo pueden realizarse aún más completamente como familia.

"Obviamente, el propósito del don mutuo entre un hombre y una mujer no es sólo tener hijos, sino también la continuación mutua del amor y de la vida. Es necesario, sin embargo, que se salvaguarde la verdad interior de este don. Interior no significa meramente "subjetivo". "Interna" significa correspondiente a la verdad objetiva de él y ella quienes dan el don. La persona no puede ser nunca un medio para un fin, un medio de "uso": debe ser ella misma el fin de la acción. Sólo entonces la acción corresponde a su verdadera dignidad"

(Gratissimam sane).

Así pues, el matrimonio es a la vez sujeto y objeto del don. Para ellos, su don más preciado son los hijos. Juan Pablo II opinaba que, según el designio de Dios, el matrimonio es el fundamento de la comunidad familiar más amplia, ya que la institución misma del matrimonio y el amor conyugal están orientados a engendrar y educar a la descendencia, en la que encuentran su culminación (Familiaris consortio). Así lo enfatiza en sus discursos y escritos:

"Feliz el cónyuge que con humildad en Dios acoge el gran don del amor de su esposa y le corresponde. Felices ambos cuando su unión matrimonial está impregnada de responsabilidad por el don de la vida que origina en esa unión. Este es verdaderamente un gran misterio y una gran responsabilidad: dar vida a nuevos seres creados a imagen y semejanza de Dios. En ningún otro lugar Dios se hace tan radicalmente presente al hombre en su acción propia, y en ningún otro lugar se revela tan tangiblemente al hombre como en su acción creadora, es decir, como Dador del Don de la vida humana"

(Periodical Mitujcie sie, 2005, no.3).

Todo Cristiano tiene claro que sin amor la familia no es una comunidad de personas, sin amor no puede vivir, crecer y perfeccionarse. Con el don del amor, sin embargo, está relacionada otra cosa: su efecto sobre el espíritu humano y su fortalecimiento interior. El Santo Padre lo presentó de este modo:

"El apóstol, al doblar las rodillas ante el Padre, pide que Él haga que [...] por su Espíritu se fortalezca el hombre interior" (Ef 3,16). Esta "fortaleza del hombre interior" está en juego en toda la vida de la familia, especialmente en todos esos momentos críticos en los que se trata de superar la difícil prueba del amor, el amor que el voto matrimonial expresa con las palabras: "que no te dejaré hasta que la muerte nos separe".

(Gratissimam sane).

También hay que recordar que cada ser humano, cada mujer y cada hombre, tiene una identidad que constituye la base de la vida personal de un ser humano. También influye la comprensión del matrimonio como una comunión, un pacto. Según el Papa:

"Esta identidad es la capacidad de vivir en la verdad y el amor; más aún, es la necesidad de la verdad y el amor como dimensión de la vida personal. Esta necesidad de verdad y de amor abre al hombre simultáneamente a Dios y a todo lo que existe, lo abre de un modo especial al otro, lo abre a una vida "en comunión". Abre al hombre y a la mujer al matrimonio y a la familia".

(Gratissimam sane).

En Teología del matrimonio, Juan Pablo II abordó la perspectiva profundamente arraigada de la existencia humana en la conciencia de la humanidad. Según el Génesis, el afirmó que las dos personas humanas, varón y mujer, fueron creadas para el matrimonio: "El hombre deja a su padre y a su madre y se une a su mujer tan íntimamente que se convierten en una sola carne". (Génesis 2:24). Porque de este modo, en su opinión, se abre una gran perspectiva creativa. Se trata de una existencia que se renueva constantemente mediante la procreación (esta "autorrenovación").

En su obra *Los Deberes de la Familia Cristiana en el Mundo Moderno*, el padre Tadeusz Syczewski señala que los cónyuges deben ser muy conscientes de que una vida de complementariedad es un gran don que desean hacer de sí mismos, según las palabras del Santo Padre: *El verdadero amor no es un sentimiento vago o una pasión ciega. Es una actitud interior que abarca a toda la persona. (...) Es un don de sí mismo.* Este don consiste en estar el uno para el otro en cada situación de su vida, en los momentos felices y en los tristes, dando lo mejor de sí mismos

Los esposos cristianos son apóstoles no sólo cuando están comprometidos en el apostolado en sentido estricto, sino también cuando cumplen sus deberes en sus propias familias de manera apropiada y coherente con su llamado. Las áreas más importantes del apostolado conyugal son: la educación de los hijos, la preparación para sus propios deberes en la familia, la asistencia a los matrimonios jóvenes y la ayuda a las familias en crisis, especialmente a las que corren peligro de desintegrarse, como decía Juan Pablo II,

"Todos los esposos están llamados a la santidad en el matrimonio según la voluntad de Dios, y está llamado se cumple en la medida en que la persona es capaz de responder al mandamiento de Dios, alentada por una serena confianza en la gracia de Dios y en su propia voluntad"

(Family consortio)

El Segundo Concilio Vaticano habla de la vocación de todos los fieles a la santidad, especificando que los esposos alcanzan esta meta "propriam viam sequentes" - "recorriendo su propio camino". Los esposos, "cumpliendo sus tareas matrimoniales y familiares por medio de este sacramento, infundidos por el espíritu de Cristo que impregna toda su vida de fe, esperanza y amor, se acercan cada vez más... a la obtención de la perfección propia y de la mutua santificación, y así a la glorificación conjunta de Dios" (Gaudium et Spes). El Papa señaló también que:

"se puede aspirar a la santidad juntos como matrimonio, y éste es un camino hermoso, sumamente fructífero e importante para el bien de la familia, de la Iglesia y de la sociedad. Pidamos, pues, al Señor por un número cada vez mayor de matrimonios que, a través de la santidad de sus vidas, sean capaces de revelar el "gran misterio" del amor conyugal, el cual tiene su origen en la creación y se completa en la unión de Cristo con la Iglesia (cf. Ef 5: 22-33)".
(Beatificación de Maria i Alozjy Quattrocchi, 21 de octubre de 2001).

Teniendo en cuenta estas consideraciones, no se puede cuestionar el valor del matrimonio, esa unión indisoluble de amor entre dos personas. Hay que defenderla, hay que creer en ella con absoluta convicción. Como dijo Juan Pablo II:

"Cualesquiera que sean las dificultades que puedan surgir, es imposible renunciar a defender ese amor original que unió a dos personas y que Dios bendice continuamente. El matrimonio es un camino de santidad, incluso cuando se convierte en camino a la cruz"
(Homily, Stary Sacz, 16 de Junio de 1999).

Para concluir, reutilizo las palabras del Santo Padre, que nos dejó un maravilloso mensaje sobre el amor conyugal.

"La vida nos enseña que el amor, el amor conyugal, es siempre una prueba especial de toda la vida. No es grande y verdadero cuando parece fácil y agradable. Lo es cuando se confirma en las pruebas de la vida, como "oro en el fuego". Sería una interpretación muy pobre del amor humano y conyugal, si alguien pensara que cuando llega el tiempo de la prueba, termina el amor y el gozo. Es entonces cuando el afecto humano muestra su durabilidad; es entonces cuando la devoción y la ternura se fortalecen, porque el verdadero amor no piensa en sí mismo, sino en cómo contribuir al bien de la persona amada; su mayor gozo es la felicidad de aquellos a quienes ama."

(Periodical Milujcie sie, 2005, no. 3).

Una oración de un esposo por su esposa:

Querido Dios, gracias por mi esposa. Gracias por su amor, feminidad, belleza, sensibilidad, por ver las cosas desde otro punto de vista. Te doy gracias porque nuestros caminos se cruzaron, porque nos elegimos el uno al otro y porque bendijiste nuestro amor en el Sacramento del Matrimonio. Señor, dale paciencia, comprensión, paz y tranquilidad. Entrego a tu cuidado todas las dificultades que hay entre nosotros; discusiones, malentendidos, dudas. Haz que nos ayudemos mejor el uno al otro. Por favor, cuida de mi esposa, protégela del mal y dale fuerza. Quiero ser su apoyo y protector. Quiero ser un esposo y padre responsable de la crianza de nuestros hijos.

Una oración de un esposa por su esposo:

Gracias, Señor, por mi esposo. Por su amor, por el bien que me da. Por el hecho de que a través del Sacramento del Matrimonio podemos llegar a ser un solo cuerpo, te confío, Señor, todos sus pensamientos, gestos, palabras, decisiones y relaciones con otras personas. Te confío lo que me cuesta amar en él, lo que me irrita o me hace daño. Señor, bendice nuestro amor. Te pido fidelidad para él y para mí. Te pido cercanía para expresar y fortalecer nuestro amor. Ayúdanos a comprendernos bien siempre, a sobreponernos de las dificultades, a superar los conflictos y a perdonarnos mutuamente. Protégele, Señor, del mal, dale una fe fuerte y santidad. Bendice su trabajo. Hazle mejor esposo y padre a través de mí.

Quiero que sea feliz. Lo amo.

Familia

*El futuro de la humanidad viene a través de la familia
(Familiaris consortio)*

El Papa Francisco ha llamado a Juan Pablo II un testigo de la belleza de la familia y de su papel inalienable en la sociedad. También se refiere repetidamente en sus propios discursos a su compromiso de explicar el significado de la naturaleza de la familia como Iglesia doméstica. La Iglesia en la que los esposos forman una comunidad de personas, y a través de la fidelidad cotidiana a sus promesas matrimoniales, y mediante la entrega mutua y completa de sí mismos, crecen constantemente.

"La comunidad matrimonial y familiar se construye sobre la confianza mutua. Este es el bien básico de las interacciones mutuas en la familia. La interacción mutua entre los cónyuges y las interacciones mutuas entre padres e hijos. El fundamento más profundo de estas relaciones es, en última instancia, esa confianza que Dios mismo deposita en los esposos al crearlos y llamarlos a vivir en comunidad conyugal y familiar. (...) La esencia de la familia se basa en esas interacciones, en la confianza mutua. Sólo sobre esta base es posible construir el proceso de crianza, que es el propósito fundamental de la familia, y su función primaria".

(Homily, Wroclaw, 21 de Junio de 1983).

En sus reflexiones, el Santo Papa se refirió a la familia, basada en el matrimonio, como el pilar fundamental de la sociedad. Dijo que en ella, como en un nido seguro, se desarrolla la vida, que debe ser defendida y protegida (Reflexión, 1ro de Febrero del 2004). En su enseñanza también se refirió al hecho de que

La familia es (...) la comunidad más completa desde el punto de vista del vínculo humano. No hay vínculo que une más estrechamente a las personas que el del matrimonio y la familia. No hay otro que pueda calificarse tan plenamente de

"comunión". Tampoco hay otro en el que las obligaciones mutuas sean tan profundas y comprensivas, y cuya violación aflija más dolorosamente la sensibilidad humana de la mujer, del hombre, de los hijos, de los padres".

(Homily, Kielce-Maslow, 3 de Junio de 1991).

Refiriéndose a las enseñanzas papales, el padre Piotr Kroczek señala también que los derechos de la familia se basan en el principio de su soberanía y no son simplemente la suma de los derechos de sus miembros. Porque la familia es más que cada persona individual: es una comunidad de padres e hijos, una comunidad de muchas generaciones. La Santa Sede publicó en 1983 la Carta de los Derechos de la Familia como expresión de esta convicción.

La familia, según el plan de Dios, fue creada como comunidad de personas   (esposos, hijos, ancianos, familiares), como "comunidad profunda de vida y amor", que es también la esencia de su misión. Recibe del Creador la misión de proteger, revelar y transmitir el amor, que es también el principio interior, el poder duradero y la meta final de esta tarea.

"El amor entre un hombre y una mujer en el matrimonio y, de forma derivada y ampliada, el amor entre los miembros de una misma familia -entre padres e hijos entre hermanos y hermanas, entre parientes y miembros del hogar- está impulsado y sostenido por una dinámica interna y continua, que conduce a la familia a una comunión cada vez más profunda y fuerte, que es fundamento y principio de la comunidad matrimonial y familiar".

(Familiaris Consortio).

Así pues, es el amor el que motiva las relaciones interpersonales entre cada uno de los miembros de la familia, y es su fuerza interior la que no sólo da forma a la comunión y la comunidad familiar, sino que también las fortalece.

"Amar a la familia significa saber valorar sus valores y capacidades y apoyarlos siempre. Amar a la familia significa conocer los peligros y males que la amenazan para poder vencerlos. Amar a la familia significa contribuir a crear un entorno favorable a su desarrollo. Y una forma particular de amor a la familia cristiana de hoy, a menudo tentada por el desánimo y atormentada por dificultades crecientes, es "devolverle la confianza en sí misma, en sus propias riquezas de naturaleza y de gracia, en la misión que Dios le ha confiado"

(Familiaris consortio)

En el contexto de la familia como comunidad, el Santo Padre habló de cuatro tipos de relaciones de comunión en la familia: marido-mujer, padre-madre, hijo-hija, hermano-hermana. Esto incluye enfatizar la dignidad y responsabilidad de la mujer y la igual dignidad y responsabilidad del hombre. La comunión familiar también debe tener especial cuidado no sólo de los cónyuges, sino también del niño. Además, pretende estimular a todos a descubrir y apreciar la importancia de los ancianos en la comunidad secular y eclesial. Toda la "iglesia doméstica" es objeto de la predicación de la Palabra de Dios, de cuya recepción depende, por así decirlo, la vida de la familia Cristiana. En efecto, si se alimenta de esta Palabra en su vida diaria, Jesucristo está también más plenamente presente en ella. En una comunidad así se respira una atmósfera de bondad, de amor, de amabilidad y de amor al Salvador mismo. Lo confirman las palabras de Juan Pablo II:

"Puesto que la familia Cristiana es una comunidad cuyos lazos han sido renovados por Cristo a través de la fe y los sacramentos, su participación en la misión de la Iglesia debe llevarse a cabo de manera comunitaria: así juntos, los esposos como pareja, los padres y los hijos como familia deben vivir su servicio a la Iglesia y al mundo. Deben estar en la fe como "un solo espíritu y un solo corazón", mediante el espíritu apostólico que les anima y mediante la cooperación que les involucra en la tarea de servir a la comunidad eclesial y cívica".

(*Familiaris consortio*).

El Segudo Concilio Vaticano también nos lo recuerda al decir que: *"la familia debe compartir generosamente sus riquezas espirituales con otras familias. Consecuentemente, la familia cristiana, surgida del matrimonio, que es imagen y participación del pacto de amor de Cristo y de la Iglesia, revelará a todos, por el amor de los esposos, su fructuoso sacrificio, su unidad y su fidelidad, así como, por la cooperación amorosa de todos sus miembros, la presencia viva del Salvador en el mundo y la verdadera naturaleza de la Iglesia".*

Además, según Juan Pablo II, la familia Cristiana también construye el Reino de Dios en la historia a través de la realidad cotidiana que es definida y determinada por sus condiciones de vida, en concreto, el amor marital y familiar.

Lo que integra a las comunidades no es sólo el amor, sino también la amistad, la fraternidad, la esperanza, la ayuda mutua de diversos tipos, la provisión diaria de bienes y el intercambio de experiencias. No cabe duda de que una vida de amor es un mensaje gozoso para todo ser humano. Además, una persona que realmente puede amar y ser amada tiene la capacidad de inspirar esperanza en los demás, así como en sí misma. Por eso, el Papa creyó que, la familia no desempeñaría ningún papel apostólico en el mundo moderno a menos que no se convierta en un lugar de bondad, esperanza, amor y amabilidad para sus miembros. Una familia unida, animada por un espíritu de esperanza y amor, puede irradiar hacia el exterior, con su propio ejemplo de vida, el impulso de seguir los mandamientos de Dios. Por eso preguntaba Juan Pablo II:

"Familias, convertíos en lo que debéis ser. Sois la imagen viva del amor de Dios: porque tenéis la misión de conservar, manifestar y transmitir ese amor que es el reflejo vivo y la comunicación actual del amor de Dios a la humanidad y del amor de Cristo el Señor a la Iglesia, su esposa"

(Ecclesia in Europa).

Según las enseñanzas del Papa, una familia cristiana debe ser, por tanto, una escuela de la riqueza de la humanidad. Riqueza, en cuanto plenitud de su desarrollo físico, intelectual, religioso y moral. Como "iglesia doméstica", debe introducir al niño en una vida de fe y, asumiendo la responsabilidad de esa fe, debe enseñarle a respetar a los demás y a ser responsable de la Iglesia y de la nación. La familia es también, por así decirlo, un lugar privilegiado para la ayuda mutua de diversos tipos. Como señala Juan Pablo II:

"Se observa una concientización de la necesidad de estrechar los lazos entre las familias para prestarse ayuda mutua espiritual y material, un descubrimiento más pleno de la misión de la Iglesia específica de la familia y de su responsabilidad en la construcción de una sociedad más justa".

(Familiaris consortio).

La familia también tiene lazos vivos y orgánicos con la sociedad: constituye su fundamento, apoyándola constantemente a través de su misión de servicio a la vida. Al fin y al cabo, es en la familia donde nacen los ciudadanos y donde encuentran la primera escuela de aquellas virtudes sociales que determinan la vida y el desarrollo de la propia sociedad. La primera y principal contribución de la familia a la sociedad es, por tanto, la experiencia de comunión y participación en su vida cotidiana. Los miembros de la comunidad familiar se inspiran mutuamente, guiados por la "ley del desinterés", *que, respetando y reforzando en cada uno su dignidad personal como única razón de valor, se concreta en la apertura cordial, el encuentro y el diálogo, la disponibilidad al servicio desinteresado y generoso y la solidaridad profunda.* De este modo, se fortalece una auténtica y madura comunión de las personas en la familia, que se convierte en la primera e insustituible escuela de vida social, *un ejemplo y un estímulo para contactos sociales más amplios en un espíritu de respeto, justicia, diálogo y amor.* (Familiaris consortio)

"En la Iglesia, la comunidad familiar se da cuenta de que es una pequeña Iglesia por sí misma, hecha de pecadores que han sido perdonados y recorren el camino de la santidad, encontrando apoyo en aquellos a quienes Dios ha unido en una sola familia"

(Carta a Equipes Notre Dame, Vaticano, 27 de Noviembre 1997)

Por tanto, la familia está llamada a la Santidad a la que la conduce el Espíritu de Dios. El Papa dijo que esto está reflejado en:

"(...) las palabras de San Pablo: 'Porque todos los que son guiados por el Espíritu de Dios son hijos de Dios' (Rm 8:14). Si el Espíritu Santo es el alma de la Iglesia (cf. Lumen gentium, 7), también debe ser el alma de la familia, de la pequeña Iglesia doméstica. Para cada núcleo familiar, Él debe ser la fuente interior de vitalidad y energía que alimenta incesantemente la llama del amor conyugal, expresado en el don mutuo de esposo y esposa".

(Discurso a los participantes en la Asamblea Plenaria del Pontificio Consejo para la Familia, 4 de junio de 1999).

Pero, según Juan Pablo II, para que la familia pueda evangelizar a los demás, primero debe sacar fuerzas de la propia liturgia de la Iglesia: aprenderla más profundamente para poder vivirla. "La Iglesia Doméstica" debe desarrollar en sí misma una vida de oración, así como formar caminos para el diálogo de la Fe. Es la familia la que debe transmitir la fe en Cristo a las nuevas generaciones con convicción y gozo. Porque el Papa enseñó que:

"La unidad familiar debe ser el primer entorno en el que se reciba, alimente y proteja la paz de Cristo. Pero en nuestro tiempo, sin oración, es cada vez más difícil para las familias cumplir con este llamado. Por eso sería bueno retomar la hermosa costumbre de rezar el rosario en casa, que era prevalente en las generaciones anteriores. "La familia que reza unida, permanece unida"

(Catequesis de 29 de octubre de 2003)

De hecho, hay pocas actividades para hacer juntos que tienen un impacto más profundo en una familia que rezar juntos.

El Santo Padre enfatizó que:

"La oración en familia tiene sus propias características. Es una oración comunitaria de marido y mujer, padres e hijos. La comunión en la oración es a la vez fruto y requisito de la comunión recibida en los sacramentos del bautismo y del matrimonio. Las palabras con las que Cristo prometió su presencia pueden aplicarse de modo especial a los miembros de la familia cristiana: 'Os aseguro que si dos de vosotros se ponen de acuerdo en la tierra sobre cualquier cosa que pidan, todo les será concedido por mi Padre que está en los cielos. Porque donde dos o tres están reunidos en mi nombre, allí estoy yo en medio de ellos".

(Familiaris consortio).

A través de la oración, la comunidad familiar invita a Cristo a estar en medio de ella: esposos, padres e hijos. Cuando los hogares se convierten en lugares de oración, son al mismo tiempo hogares "en los que las familias viven serenamente en la presencia de Dios", "que comparten con el prójimo la hospitalidad, la oración y la alabanza a Dios". El Papa fue particularmente enfático en este punto:

"La familia cristiana debe distinguirse como un ambiente de oración común, en el que la libertad de los hijos permita a todos dirigirse a Dios e invocarle con el nombre de confianza "¡Padre nuestro!". El Espíritu Santo nos ayuda a descubrir el rostro del Padre como modelo perfecto de paternidad en la familia"

(Discurso a los participantes en la Asamblea Plenaria del Pontificio Consejo para la Familia, 4 de junio de 1999)

La oración de la comunidad familiar puede convertirse también en un lugar de recuerdo compartido y mutuo, pues como escribió el Santo Padre:

"la familia es una comunidad de generaciones. Es necesario que todos estén presentes en la oración: los que viven, los que han fallecido y los que están por nacer. Cada persona debe ser rezada en familia en la medida del bien que aporta a la familia, y la familia a ella. La oración afirma más plenamente este bien, lo afirma como bien común de la familia. La oración también hace surgir este bien una y otra vez. En la oración, la familia se encuentra a sí misma como el primer "nosotros" en el que todos son "yo" y "tú". Esto es lo que son los unos para los otros: marido o mujer, padre o madre, hijo o hija, hermano o hermana, abuelo o nieto"

(Gratissimam sane)

Juan Pablo II también señaló que:

"La familia que reza unida el rosario reproduce en cierto modo el ambiente de la casa de Nazaret: se pone a Jesús en el centro, se comparten con Él alegrías y sufrimientos, se ponen en sus manos necesidades y proyectos, se sacan de Él esperanza y fuerza para el camino. También es hermoso y fructífero confiar el camino de crecimiento de los niños a esta oración. Es cada vez más difícil para los padres de hoy en día seguir el ritmo de sus hijos en las distintas etapas de su vida. En una sociedad de tecnología avanzada, medios de comunicación masivos y globalización, todo se ha vuelto muy acelerado, y las diferencias culturales entre generaciones son cada vez mayores. Los mensajes y experiencias más impredecibles entran rápidamente en la vida de los niños y jóvenes, y los padres se angustian a veces ante los peligros que les amenazan. No es raro que experimenten dolorosas decepciones al observar los fracasos de sus hijos, que sucumben al engaño de las drogas, al albur del hedonismo, a las tentaciones de la violencia y a diversas manifestaciones del sinsentido y la desesperación".

(Periodical Milujcie sie, 2005, no. 3).

Los peligros y las tentaciones que acechan a la familia hacen necesario, según el Papa, proteger la pureza del corazón:

"Es necesario que la familia se mantenga firme en defensa de la pureza de sus umbrales domésticos, en defensa de la dignidad de cada persona. (...) Educar a los hijos en la pureza es uno de los grandes deberes evangélicos que hoy tenemos ante nosotros. Cuanto más pura sea la familia, más sana será la nación"

(Homily, Sandomierz, 12 de Junio 1999)

De acuerdo al Santo Padre, la familia también debería de confiar en la ayuda de Dios:

"Además, la dignidad y la responsabilidad de la familia Cristiana como 'Iglesia doméstica' sólo puede vivirse con la ayuda constante de Dios, que siempre será concedida si se pide en oración humilde y confiada"

(Familiaris consortio)

Gracias a la oración, la familia puede fortalecerse en su comunidad y comunión.

En su obra Deberes de una familia cristiana en la obra moderna, basada en las enseñanzas papales, el padre Tadeusz Syczewski expresó su convicción de que cada hombre es responsable de construir la comunión de las personas día a día, en la medida de sus posibilidades. Esto hace de la familia "una escuela para una humanidad más rica". Esta tarea se realiza especialmente mediante la gracia y el amor hacia los niños, los enfermos y los ancianos, y sobre todo mediante el servicio mutuo cotidiano de todos los miembros de la familia. La actitud de compartir no sólo los bienes, sino también las alegrías y las penas, desempeña un papel importante en este sentido. Para los padres, éste es el verdadero servicio: un servicio subordinado al bien humano y cristiano de sus hijos, que les permita alcanzar una libertad verdaderamente responsable.

En este sentido, Juan Pablo II se dirigió a los padres con estas palabras:

"Hoy en día no es fácil crear las condiciones Cristianas necesarias para la crianza de los niños. Debéis hacer todo lo posible para que Dios esté presente y sea honrado en vuestras familias. (...) Vosotros sois los primeros maestros de oración y de virtudes Cristianas para vuestros hijos y nadie puede sustituirlos en esto. Conservad las costumbres religiosas y apreciad las tradiciones cristianas, enseñad a [vuestros] hijos el respeto hacia todo ser humano. Que vuestro mayor deseo sea educar a las generaciones más jóvenes en la unión con Cristo y con la Iglesia. Sólo así seréis fieles a vuestra vocación de padres y a las necesidades espirituales de vuestros hijos.

Que el bienestar de las nuevas generaciones sea la preocupación de tu vida y de tu labor educativa. "Os exhorto", dice San Pablo, "a que os comportéis como es digno de vuestra vocación... para edificar el Cuerpo de Cristo (Ef 4:1.12). ¿Qué mayor vocación puede haber que la que Dios os ha dado?"

(Homily, Lowicz, 14 de Junio 1999)

Mediante el amor, el respeto y la obediencia a sus padres, los hijos, a su vez, también aportan su irremplazable contribución a la construcción de la familia. El Santo Padre les recordó de esto:

"No tengáis miedo de adentraros en el camino de vuestra vocación, no tengáis miedo de buscar la verdad sobre vosotros mismos y sobre el mundo que os rodea. Me gustaría tanto que todos vosotros tuvierais en vuestros hogares una atmósfera de verdadero amor. Dios os ha dado padres, y por este gran regalo debéis dar gracias a menudo al Señor. Respeta y ama a tus padres. Ellos te dieron a luz y te criaron. Son para ti sustitutos de Dios, tu Creador y Padre. Son, y deben ser, tus amigos más

íntimos, a quienes debes pedir ayuda y consejo en los problemas de tu vida. (...)

Tu edad es la estación de la vida más propicia para sembrar y preparar el terreno de la futura cosecha. Cuanto más vigoroso sea el empeño con que asumas tus responsabilidades, mejor y más eficazmente cumplirás tu misión en el futuro. (...) Verdaderamente grande es el hombre que quiere aprender"

(Homily, Lowicz, 14 de Junio 1999).

Junto a una variedad de deberes, la vida cotidiana de la familia incluye también la vida espiritual, sobre la que el Papa dijo:

"En la vida cotidiana, Dios nos llama a esforzarnos por alcanzar esa madurez de vida espiritual que consiste precisamente en vivir las cosas ordinarias de modo extraordinario.

Porque la santidad se alcanza siguiendo a Jesús, sin huir de la realidad y de sus pruebas, sino afrontándolas con la luz y la fuerza de su Espíritu"

(Reflección, 1ro de Septiembre 2002).

En relación a esto, Juan Pablo II ha dicho a las familias en más de una ocasión que cuiden de este aspecto espiritual de la vida comunitaria:

"Cada vez más personas y familias aprovechan las vacaciones para pasar unos días en los llamados "Centros de Espiritualidad"- monasterios, santuarios, casas de retiro. Por lo general, en estos lugares no sólo se puede disfrutar de la belleza del entorno natural, sino también enriquecerse espiritualmente mediante un encuentro con Dios a través de la reflexión y el silencio, de la oración y la contemplación. Se trata de una tendencia muy saludable, que no debería limitarse a las temporadas festivas.

Es necesario encontrar formas adecuadas para que esta práctica pueda acompañar la vida cotidiana también en otras estaciones del año. El verdadero problema es mantener la armonía interior, para que nuestra existencia ordinaria tenga siempre esa dimensión sobrenatural que todos necesitamos".

(Gratissimam sane).

En sus palabras, el Papa mencionó las temporadas festivas , que desempeñan un papel importante en la vida de la familia porque sus miembros pueden pasar más tiempo juntos. Esto es muy importante hoy en día, cuando el mundo entero sigue avanzando deprisa, cuando hay prisa y una constante falta de tiempo. Todo el mundo está ocupado consigo mismo y con sus propios asuntos: la escuela, el trabajo, la carrera profesional... ¿Dónde hay tiempo para la familia? ¿Dónde hay lugar para reforzar los lazos con los seres queridos, para crear una verdadera comunidad? Por lo tanto, es aún más importante apreciar el tiempo libre y dedicarlo no sólo al desarrollo personal y al descanso, sino también a pasar tiempo juntos y dando de nosotros mismos. Juan Pablo II escribió que:

"Es necesario utilizar sabiamente las vacaciones y los días festivos para que sirvan al bien del individuo y de la familia, permitiendo el contacto con la naturaleza, proporcionando paz y tranquilidad, dando tiempo para el cultivo de una vida familiar armoniosa, para la lectura valiosa y para el entretenimiento sano, y sobre todo permitiendo una mayor devoción a la oración, a la contemplación y a la escucha de la voz de Dios."

(Reflección, Julio 23, 2000).

Por supuesto, esto no significa que debamos renunciar al trabajo o al estudio, ya que son necesarios para funcionar correctamente en el mundo. La cuestión es priorizar la vida adecuadamente y encontrar tiempo para lo que es realmente importante y valioso. El trabajo en sí también debe ser digno y preocuparse por la persona como ser humano. El Santo Padre instruye que:

"El trabajo no puede considerarse únicamente como una fuerza necesaria para la producción, la llamada 'fuerza de trabajo'. El hombre no puede considerarse un instrumento de producción. El hombre es el creador y productor de trabajo. Hay que hacer todo lo posible para que el trabajo no pierda la dignidad que le corresponde. Porque el objetivo del trabajo -de todo trabajo - es el hombre mismo. A través de él, debe mejorarse a sí mismo, realzar su personalidad. No debemos olvidar -y quiero enfatizarlo fuertemente- que el trabajo es "para el hombre" y el hombre "para el trabajo".

(Laborem Exercens, 1981).

Por lo tanto:

"Grandes tareas nos pone delante nuestro Señor, exigiendo de nosotros un testimonio en el contexto social. Como cristianos, como creyentes, debemos sensibilizar nuestras conciencias ante todo tipo de injusticia o forma de explotación o encubrimiento"

(Homily, Legnica, 2 de Junio 1997).
El Papa también agregó:

"Por lo tanto, hay que hacer todo lo posible para crear oportunidades reales de empleo para todos, garantizando al mismo tiempo una remuneración adecuada para todos. También es necesario proporcionar un sistema de trabajo que no perturbe el equilibrio personal y familiar y no impida la realización armoniosa de los planes de vida de cada persona).

(Discurso a los participantes en la Conferencia ACLI, 27 de Abril del 2002)

El Santo Padre considera la familia como el camino más importante de la vida que todo ser humano debe seguir. Esto se debe a que determina la esencia de nuestra humanidad y nos permite desarrollarnos personalmente. De estas enseñanzas papales se deduce que:

"Entre estos muchos caminos, la familia es el primero y, por muchas razones, el más importante. Es el camino universal, a la vez que cada vez también un camino excepcional, único e irrepetible, igual que cada persona es única. La familia es ese camino del que uno no puede separarse. Al fin y al cabo, normalmente cada uno de nosotros nace en el seno de la familia, por lo que podría decirse que a la familia se debe el hecho mismo de ser humano. Y si en esta venida al mundo y en esta entrada en el mundo a un ser humano le falta la familia, es siempre una ruptura y una ausencia muy perturbadora, dolorosa, que luego pesa sobre toda la vida"

(Gratissimam sane, 2).

Preocupado siempre y exclusivamente por el bien de la familia, John Paull II ha deplorado a menudo los cambios sociales y culturales en los que se encuentran las familias contemporáneas. Algunas de ellas son capaces de ser fieles a los valores que constituyen el fundamento de la institución familiar, mientras que otras no lo son: están perdidas, inseguras, dudosas. Pierden la conciencia del sentido primordial y de la verdad de la vida familiar y conyugal. A menudo, en la raíz de estos síntomas negativos se encuentra una concepción errónea y una mala experiencia de la libertad. La libertad entendida como una fuerza autónoma orientada hacia la búsqueda del propio bien egoísta, que a veces entra en conflicto con los demás.

"Por una parte, hay un sentido más vivo de la libertad personal, así como una mayor atención a la calidad de las relaciones interpersonales en el matrimonio, a la elevación de la dignidad de la mujer, a la paternidad responsable, a la educación de los hijos; además, hay una conciencia de la necesidad de reforzar los vínculos entre las familias para prestarse mutua asistencia espiritual y material, un descubrimiento más pleno de la misión eclesial propia de la familia y de su responsabilidad en la construcción de una sociedad más justa. Pero, por otra parte, no faltan signos preocupantes de la degradación de ciertos valores fundamentales: la concepción teórica y práctica errónea de la independencia de los cónyuges en sus relaciones mutuas; la gran confusión en la comprensión de la autoridad de padres e hijos; las dificultades prácticas que encuentra a menudo la familia para transmitir valores; el número cada vez mayor de divorcios, la plaga de abortos, el aumento del recurso a la esterilización; la perpetuación real de una mentalidad opuesta a la concepción de una nueva vida"

(Familiaris consortio)

"Los tiempos en que vivimos revelan una tendencia a que la familia se reduzca a un vínculo de sólo dos generaciones. Esto ocurre a menudo como consecuencia de las dificultades de vivienda, sobre todo en las ciudades grandes. Sin embargo, no es extraño que la razón sea la creencia de que más generaciones bajo un mismo techo dificultan la intimidad y crean dificultades en la vida. Pero éste es precisamente el punto más débil: no hay con quién crear el bien común ni con quién compartirlo. (...)
Otro de los rasgos del contexto cultural en el que vivimos es la tendencia de muchos padres a abandonar el papel que se les ha asignado y a hacerse más amigos de sus hijos, lo que significa que no les amonestan ni les reprenden, aun cuando deberían hacerlo -con amor y ternura- para educarles en la verdad. (Los padres, sin embargo, deben ser los representantes en la comunidad familiar del Padre bueno, único modelo perfecto en el cual inspirarse".

(Discurso a los participantes en la Asamblea Plenaria del Pontificio Consejo para la Familia, 4 de junio de 1999)

Por tanto, las familias Cristianas tienen la gran responsabilidad de contrarrestar todos los problemas y, si es necesario, resolverlos en la medida de sus posibilidades. De lo contrario, no sólo sufren las comunidades familiares, sino toda la sociedad, la nación e incluso el mundo. Recordemos las palabras de Juan Pablo II, quien recalcó que **a través de la familia fluye la corriente principal de la civilización del amor.** Para que esta civilización no se quede en una utopía, debe buscar sus "fundamentos sociales" en la familia (Gratissimam sane).

Para resumir mis reflexiones sobre la familia basadas en las enseñanzas papales, quisiera compartir con ustedes las palabras del Santo Padre que me son particularmente cercanas a mi corazón:

No olvides ni por un momento el gran valor de la familia. Gracias a la presencia sacramental de Cristo, gracias a los votos libremente emitidos por los esposos entre sí, la familia es una comunidad sagrada. Es una comunión de personas unidas por el amor, de la que San Pablo escribe que: 'el amor se goza en la verdad, todo lo cree, todo lo espera, todo lo soporta y nunca deja de ser (cf. 1 Co 13, 6-8). El amor nunca deja de ser. Toda familia puede construir un amor así. Pero puede lograrse en el matrimonio si y sólo si los cónyuges se convierten en ...'regalo desinteresado de sí mismos', incondicionalmente y para siempre, sin poner límites.

Este amor conyugal, parental, familiar, se ennoblece constantemente, se perfecciona compartiendo preocupaciones y alegrías, apoyándose mutuamente en los momentos difíciles. Se olvida de sí mismo por la persona amada. El verdadero amor nunca muere. Se convierte en fuente de fuerza y fidelidad conyugal.

La familia Cristiana, fiel a su pacto sacramental, se convierte en un signo auténtico del amor desinteresado y universal de Dios por las personas. Este amor de Dios es el centro espiritual de la familia y su fundamento. Por medio de ese amor, la familia surge, se desarrolla, madura y se convierte en fuente de paz y felicidad para padres e hijos. Es el verdadero entorno para la vida y el amor.

(Homily, Kalisz, 4 de Junio 1997)

Estas palabras expresan toda la verdad esencial sobre la familia, su esencia y sus deberes, su fundamento y su centro espiritual, que tiene su fuente en el amor de Dios el Padre. Sobre el poder de la entrega. Sobre la civilización del amor. Sobre nosotros mismos...

Por tanto, *no olvidéis ni por un momento el gran valor de la familia.* Amaos los unos a los otros. Cread una comunidad según la misión de Dios y dad testimonio de verdad, amor y vida. Permaneced - por vuestros cónyuges, padres, hijos. Permaneced por todas las generaciones venideras. Aguantad por el futuro, porque *el futuro de la humanidad viene a través de la familia...*

Niño

*Cuidar de un niño es la primera y fundamen-
tal prueba de la relación del hombre con otro.*
Juan Pablo II

Fot. Andrzej J. Gojke

En el diseño de Dios, el matrimonio es el fundamento de la comunidad familiar más amplia, ya que la institución misma del matrimonio, y el amor de los esposos, están dirigidos a su descendencia y a su educación como culminación. Como dijo Juan Pablo II:

"En su realidad más profunda, el amor es esencialmente un don, y el amor conyugal, al mismo tiempo que lleva a los esposos a la mutua familiaridad que los hace "una sola carne", no se agota entre ellos dos, pues los capacita para la mayor devoción, por la que se convierten en colaboradores de Dios al dar el regalo de la vida a una nueva persona humana. De este modo, entregándose el uno al otro, los esposos procrean una nueva realidad, un hijo, reflejo vivo de su amor, signo permanente de la unidad conyugal y síntesis viva e inseparable de la paternidad y la maternidad"

(Familiaris constortio).

Y cuando los esposos se convierten en padres, reciben de Dios el don de una nueva responsabilidad, pues con su amor paterno han de llegar a ser signo visible de ese mismo amor de Dios Padre por sus hijos. De esta responsabilidad, de esta vocación primaria del hombre y de la mujer a participar en la obra creadora de Dios, deriva la tarea de educar a su descendencia. Un nuevo ser humano nace en el amor y para el amor, y está llamado a crecer y desarrollarse en sí mismo y por sí mismo. La madre y el padre asumen así la tarea de hacer posible que los hijos vivan una vida plenamente humana. El Segundo Concilio Vaticano nos lo recordó con las siguientes palabras:

"Los padres, por haber dado la vida a sus hijos, tienen una responsabilidad suprema en la educación de su progenitura y, por tanto, deben ser reconocidos como sus primeros y principales educadores. El deber de educar es de tan gran

importancia que su falta sería difícilmente sustituible. Porque es tarea de los padres crear un ambiente familiar impregnado de amor y respeto a Dios y a la humanidad, de modo que favorezca toda la educación personal y social de sus hijos. Por eso la familia es la primera escuela de las virtudes sociales indispensables a toda comunidad".

¿Y qué es esta crianza? ¿En qué consiste? Para responder adecuadamente a esta pregunta, es imposible ignorar dos verdades fundamentales: La primera es que el hombre ha sido llamado a vivir en la verdad y el amor, y la segunda es que cada ser humano se realiza a sí mismo mediante el regalo desinteresado de sí mismo. Esto se aplica tanto a los que educan como a los que son educados. El Santo Padre escribió:

"Los padres siguen siendo ante todo los educadores inmediatos de sus hijos. (...) también tienen la primera y fundamental autoridad en este ámbito. Son educadores porque son padres".

(Gratissimam sane).

A veces, sin embargo, los padres, incapaces de satisfacer todas las necesidades educativas (por ejemplo, una educación completa o la socialización), comparten la tarea de educar a sus hijos con otras personas, instituciones o la Iglesia, de acuerdo con el principio de subsidiariedad. La subsidiariedad, apoyada en el amor de los padres, está relacionada con el bien de la familia. De este modo se completa el amor de los padres y se afirma su carácter fundamental, sobre todo porque los demás participantes en el proceso de crianza, actúan en nombre de los padres y con su consentimiento.

Este proceso de crianza conduce a una cierta madurez psicofísica - entonces, el hombre comienza a "educarse a sí mismo". He aquí lo que escribió el Papa sobre este fenómeno:

"Con el paso del tiempo, esta autoeducación superará el proceso educativo anterior. Con el tiempo, este auto-crecimiento supera el proceso de crianza, pero no deja de crecer fuera de él. El joven se encuentra con nuevas personas y nuevos entornos, especialmente profesores y compañeros, que empiezan a desempeñar un papel educativo en su vida, positivo o negativo, podríamos añadir. En este nuevo contacto hay una cierta distancia o incluso oposición a la crianza parental, a la familia. A pesar de todo, sin embargo, el proceso de auto-educación confirma esencialmente lo que se ha logrado en el niño, niño o niña, a través de la crianza en la familia y en la escuela. Incluso al transformarse él mismo, al alejarse en su propia dirección, el joven permanece en la órbita de sus raíces existenciales".

(Gratissimam sane).

La crianza es, por tanto, de gran importancia, según el Santo Padre. Pues consiste no sólo en el proceso de educación y socialización, sino también en el amor, el cuidado y la preocupación de los padres, que son sumamente importantes para el desarrollo adecuado de cada personita. Según el Papa:

"En la familia, como comunidad, debe prestarse un cuidado particular al niño; su dignidad personal debe ser profundamente respetada, y sus derechos deben ser atendidos con reverencia y generosidad. Esto se aplica a todos los niños, pero es particularmente importante con respecto a un niño pequeño, el niño que necesita atención a tiempo completo, un niño enfermo, que sufre o discapacitado"

(Familiaris consortio).

"Al ocuparse de cada niño que nace en el mundo y al proporcionarle cuidados y atenciones, la Iglesia cumple su misión fundamental; está llamada a revelar y a representar de nuevo en la historia el ejemplo y el mandato de Cristo el Señor, que puso al niño en el centro mismo del Reino de Dios, diciendo: "Dejad que los niños vengan a mí y no se lo impidáis, porque de ellos es el Reino de los Cielos".

(Familiaris consortio).

El cuarto de los mandamientos de Dios dice: Honra a tu padre y a tu madre. Pero para que los hijos cumplan este mandamiento, primero deben ser considerados y aceptados por sus padres como un regalo de Dios. Pues el Santo Padre creía que

"Cada niño es un regalo de Dios. Un regalo que a veces es difícil de aceptar, pero siempre un regalo que no tiene precio. Dios os ha dado a vosotros, los padres, una vocación especial. Para preservar la vida humana en la tierra, ha llamado a la existencia a la comunidad familiar. Vosotros sois los primeros guardianes y protectores de la vida aún no nacida, pero ya concebida. Aceptad el don de la vida como la mayor gracia de Dios, como su bendición para la familia, para la nación y para la Iglesia".
(Periodical, Mulujcie: 2005, no. 3).

Juan Pablo II se refirió a menudo a los niños como la primavera de la familia y de la sociedad *(Discurso a los participantes en la Asamblea Plenaria del Pontificio Consejo para la Familia, 4 de junio de 1999). y señaló que grande y noble es la misión de los padres y de las madres, llamados a colaborar con el Padre celestial en la transmisión de la vida a los nuevos seres humanos, los hijos de Dios".* Pero, ¿qué significa la metáfora "los hijos son primavera"? El Papa respondió a esta pregunta de la siguiente manera:

"Nos introduce en el ambiente lleno de vida, colores, luz y canto que asociamos con la primavera. Todo esto está presente de forma natural en los niños. Los niños son la esperanza que florece una y otra vez... Al venir al mundo, traen consigo el mensaje de la vida, que apunta al primer Creador de la Vida. En todo ellos dependen de nosotros, especialmente en las primeras etapas de la vida, son un llamado natural a la solidaridad".

(Jubileo de las Familias, 14 de octubre de 2000)

El Santo Padre retomó esta temática muchas veces en sus discursos y escritos. El afirmó que:

La alegría que los niños representan para cada uno de nosotros [es] la primavera de la vida, el anticipo del futuro de toda patria hoy en día. Ningún país del mundo, ningún sistema político, puede pensar en su futuro si no es a través de la visión de esas nuevas generaciones que tomarán el relevo de sus padres, la herencia de una variedad de valores, deberes y aspiraciones tanto de su propia nación como de toda la familia humana. (...) Y por lo tanto, ¿qué más se puede desear para cada nación y para toda la humanidad, para todos los niños del mundo, sino ese futuro mejor en el que el respeto de los derechos humanos se convierta en una completa realidad en el año venidero?"

(Familiaris consortio)

"La aceptación, el amor, el respeto, un servicio diverso y uniforme -material, afectivo, educativo, espiritual- a todo niño que viene a este mundo debe constituir siempre un rasgo característico e indispensable de los Cristianos, y especialmente de las familias Cristianas, para que los hijos, teniendo la oportunidad de crecer "en sabiduría, en años y en gracia para con Dios y para con los hombres", puedan dar una valiosa contribución a la edificación de la comunidad familiar y a la santificación de los propios padres."

(Familiaris consortio)

"Después de todo, ¿no ponen los hijos constantemente a sus padres a una especie de prueba? Lo hacen no sólo con preguntas, sino también con la expresión de sus caras, a veces alegres, a veces tristes. Toda su forma de ser, a veces incluso sus caprichos infantiles, están como inscritos con preguntas pronunciadas de diversas formas, que podríamos leer, por ejemplo, de la siguiente manera: Mamá y papá, ¿me queréis? ¿Soy realmente un regalo para vosotros? ¿Me aceptáis tal como soy? ¿Os esforzáis siempre por mi verdadero bienestar?
Estas preguntas pueden hacerse más con los ojos que con las palabras, pero hacen que los padres tomen conciencia de su gran responsabilidad y hagan eco de la voz de Dios"

(Jubileo de Familias, 14 de Octubre 2000)

El Santo Padre señaló también que los niños son abiertos y sinceros en sus intenciones, que tienen un gran poder de comunicación, que pueden ser guías también para las personas adultas. Escribió, entre otras cosas:

"¡Qué inmenso poder tiene la oración de un niño! A veces se convierte en un modelo para los adultos: rezar con sencillez y plena confianza, es decir, dirigirse a Dios como lo hacen los niños"

(Carta a los niños, Tra pochi giorno, 13 de Diciembre 1994).

Por tanto, no sólo los niños pueden aprender de los adultos, sino que los adultos también pueden aprender mucho de los niños. Sin embargo, esto no cambia el hecho de que es misión de los padres guiar el destino de sus hijos. Porque como dijo Juan Pablo II:

"En esta reflexión tampoco puede evitar la pregunta fundamental de su misión educativa. Puesto que habéis dado la vida a vuestros hijos, tenéis también el deber de ayudarles, de manera apropiada a su edad, a elegir su camino y a tomar sus decisiones en la vida respetando todos sus derechos"

(Jubileo de las Familias, 14 de Octubre 2000).

La **misión educativa de los padres** también es importante en el contexto del país, ya que son la madre y el padre quienes inculcan al niño el patriotismo, la lealtad, la idea del sacrificio y el servicio a la nación.

"Intentemos desarrollar y profundizar en el corazón de los niños y jóvenes los sentimientos patrióticos y el vínculo con la patria. Sensibilicémosles hacia el bien común de la nación y enseñémosles a responsabilizarse de su futuro.

Educar a la generación joven en el espíritu del amor a la patria es de gran importancia para el futuro de la nación. Porque no se puede servir bien a la nación sin conocer su historia, su rica tradición y su cultura. Polonia necesita personas abiertas al mundo, pero que amen a su patria"

(Homily, Lowicz, 14 de Junio 1999).

Juan Pablo II también hablaba a menudo directamente a niños y jóvenes, y le encantaba tanto bromear con ellos como hablar de diversos temas importantes. En uno de sus discursos, pidió a los niños que hacían la Primera Comunión que rezaran por sus compañeros que padecían múltiples sufrimientos:

"Queridos amigos, vuestra Primera Comunión es sin duda un encuentro inolvidable con Nuestro Señor Jesús. Es un día recordado como uno de los más hermosos de la vida. Es una gran fiesta en la parroquia. Todavía recuerdo aquel día en que recibí la Eucaristía por primera vez en la iglesia de mi parroquia, entre mis compañeros. Quisiera confiar vuestras oraciones, queridos amiguitos, no sólo los asuntos de vuestra familia, sino de todas las familias del mundo. El Papa cuenta mucho con vuestras oraciones. Debemos rezar juntos para que la humanidad -y hay muchos miles de millones de personas en la Tierra- sea cada vez más la familia de Dios, para que viva en paz. Muchos niños en diversas partes del mundo sufren y están amenazados de muchas maneras. Sufren hambre y pobreza, mueren de enfermedades y malnutrición, son víctimas de la guerra, son abandonados por sus padres, condenados a la indigencia, privados del calor de sus familias y sometidos a diversas formas de violación y violencia por parte de los adultos. ¿Se puede ser indiferente ante el sufrimiento de tantos niños?

(Carta a los Niños en el Año de la Familia, 13 de Diciembre 1994)

Para muchos niños, el momento de la Primera Comunión es el momento de incorporarse a la Obra Misionera Pontificia, en la que Juan Pablo II, así como sus sucesores Benedicto XVI y Francisco, reconocieron uno de los caminos más hermosos para la amistad con Jesús. Es importante destacar que no termina con la retirada de la prenda de comunión, sino que se profundiza y fortalece a lo largo de los años.

Juan Pablo II también se refirió a los valores en sus discursos a los jóvenes. Les señalaba el camino que debían seguir:

"Cada uno de vosotros, jóvenes amigos, también encuentra en la vida algún tipo de su 'Westerplatte'. Alguna dimensión de deberes que deben ser asumidos y cumplidos. Hay una causa justa por la que es imposible no luchar. Algún deber, obligación que uno no puede evadir. Tú no puedes desertar".

(Homily, Westerplatte, 12 de Junio 1987)

El Santo Padre mostraba un gran amor por los niños y los jóvenes, los rodeaba de cuidados, rezaba por ellos, su suerte estaba siempre en su corazón. Por eso, como conclusión de esta parte de nuestras reflexiones, quisiera citar las palabras de Juan Pablo II sobre los niños, con las que estoy completamente de acuerdo:

"Los niños son una esperanza que florece una y otra vez, un proyecto que materializa continuamente un futuro que siempre permanece abierto. Son el fruto del amor conyugal, que, gracias a ellos, continuamente se reaviva y se fortalece"

(Homily, Vaticano, 14 de Octubre 2000)

¿Qué más se puede decir…? Los Niños son el futuro del mundo - ellos son nuestro futuro.

Ancianos

*La vejez es la etapa final de la madurez humana
y un signo de la bendición de Dios.
(Carta a los ancianos, 1999)*

En su enseñanza sobre la vida y la vejez, Juan Pablo II puso gran énfasis en la dignidad y el valor de la vejez y, por ende, en la misión de los ancianos. En su caso, no se trataba sólo de palabras, sino de la confirmación de su propio ejemplo personal, sobre todo en la etapa en que él mismo vivía su vejez, y sin embargo no renunció al servicio de Dios hasta el final, para pasar finalmente de la vida terrenal a la vida eterna, a la que se dispuso con inextinguible esperanza cristiana.

El Papa resaltó que un anciano tiene la misma dignidad de ser creado y redimido por Dios que las demás personas:

"Al mismo tiempo, el hombre se diferencia de todas las demás realidades que le rodean, precisamente porque es una persona. Hecho a imagen y semejanza de Dios, él es consciente y responsable".

(Carta a los ancianos, Vaticano, 1ro de Octubre 1999).

Desde el punto de vista Cristiano, incluso en la vejez ser humano significa mucho más que cualquier riqueza o logros u obras humanas. En sus discursos, el Santo Padre proclamó con convicción lo que también afirmaban sus otros escritos:

"Según el plan divino, cada ser humano vive una vida de crecimiento continuo, desde el principio de la existencia hasta el momento en que exhala el último aliento".

(Christifideles Laici).

Por lo tanto, este es el espíritu con el que debe llevarse a cabo la educación de la generación joven: con respeto por la dignidad y la integridad personal. Juan Pablo II exhortó a:

"Estas políticas también deben complementarse con programas de educación permanente destinados a preparar a las personas para la vejez, permitiéndoles adaptarse a los cambios de estilo de vida y de trabajo, que se producen cada vez con mayor rapidez. Deberá ser una formación centrada no en el "hacer", sino sobre todo en el "ser", con un enfoque en los valores que ayudan a las personas a aprovechar al máximo su vida en todas sus fases, mediante la aceptación tanto de sus posibilidades como de sus limitaciones. (...)
Abordar el hecho del envejecimiento significa, por tanto, tener en cuenta a la persona humana que, desde su nacimiento hasta su muerte, es un regalo de Dios, su imagen y su impronta. Significa estar decididos a garantizar que cada momento de la vida humana se viva con dignidad y plenitud".

(Carta al Presidente de la Segunda Asamblea Mundial sobre Envejecimiento, Vaticano, 3 de Abril 2002).

En general, el Papa quiso sensibilizar a las nuevas generaciones sobre el hecho de que toda persona, independientemente de su edad, es un ser humano, igualmente digno de cuidado.

"Lo que está en cuestión aquí es el hombre en toda su verdad, en toda su magnitud. No se trata del hombre "abstracto", sino del hombre real, "concreto", "histórico". Se trata de "cada" hombre, porque cada uno está incluido en el misterio de la Redención y con cada uno Cristo se ha unido para siempre a través de este misterio. Todo hombre viene al mundo siendo concebido en el vientre de su madre y naciendo de su madre, y precisamente por el misterio de la Redención es confiado a la solicitud de la Iglesia. Su solicitud se refiere a todo el hombre y se centra en él

de modo especial. El objeto de su solicitud es el hombre en su única e irrepetible realidad humana, que conserva intacta la imagen y semejanza de Dios mismo".

(Redemptor hominis).

Juan Pablo II señaló que la plenitud de nuestra humanidad se manifiesta precisamente en nuestro respeto por los demás y en nuestra capacidad de entregarnos a ellos. El preguntó:

"Así aprendemos, pues, a conocer a otros seres humanos, para llegar a ser más plenamente humanos por nuestra capacidad de "entregarnos a nosotros mismos": de llegar a ser hombres y mujeres "para los demás". Esta verdad sobre el hombre - esta antropología- tiene su incomparable culminación en Jesús de Nazaret"

(Carta Apostólica Dilecti Amici a los Jóvenes del Mundo con Ocasión del Año Internacional de la Juventud, 1985)

Refiriéndose a las Sagradas Escrituras, en sus enseñanzas el Santo papa dijo:

"La palabra de Dios repite con frecuencia el llamado a mostrar cuidado y respeto, sobre todo cuando la vida se ve socavada por la enfermedad y la vejez. Aunque no hay llamados directos y explícitos a proteger la vida humana en su comienzo, específicamente la vida que aún no ha nacido, y la vida que se acerca a su fin, esto puede explicarse fácilmente por el hecho de que la mera posibilidad de dañar, atacar o realmente negar la vida en estas circunstancias es completamente ajena a la forma de pensar religiosa y cultural del Pueblo de Dios"

(Evangelium Vitae).

Vemos, por tanto, cuántas veces el Papa se refirió en sus textos y discursos al tema de la vejez, cuán profundamente se preocupaba por los ancianos, enfatizando la necesidad de protegerlos y cuidarlos. Refiriéndose a las enseñanzas papales de Juan Pablo II, el padre Wieslaw Przygoda, en su obra titulada "La Formación Apostólica de los Ancianos", también plantea el tema de la vejez. Afirma que no es el número de años lo que la determina, sino una disminución significativa del aspecto biológico y psicosocial de las capacidades adaptativas humanas.Está relacionada con la reducción progresiva de la independencia vital y la intensificación gradual de la dependencia de otras personas. Muy a menudo también va acompañada de un sentimiento de rechazo, de ser desechable. Nada podría estar más lejos de la verdad!

Las personas mayores siempre han sido y serán importantes. Juan Pablo II lo destacó muchas veces en sus discursos. Según el Papa, la vejez aparece como:

"(...) un "tiempo favorable" para llevar la vida en su plenitud y, en el plan de Dios para cada persona, como un tiempo en el que todo converge y nos permite captar mejor el sentido de la vida y alcanzar la "sabiduría del corazón". "La vejez honorable no llega con el paso del tiempo", observa el Libro de la Sabiduría, "ni puede medirse en términos de años; más bien, la comprensión es la corona canosa para los hombres, y una vida intachable, el logro de la vejez" (4:8-9). La vejez es la etapa final de la madurez humana y una señal de la bendición de Dios".

(Carta a los Ancianos, Vaticano, 1ro de Octubre 1999)

El Santo Padre no escribió sobre las sombras de la vejez, sino sobre su luminosidad, no sobre la dependencia de los mayores respecto a los más jóvenes, sino sobre la interdependencia entre generaciones, que es el fundamento de la comunidad. En un pasaje de la carta arriba mencionada, expresó la opinión de que:

"(...) los signos de la fragilidad humana, que están claramente relacionados con la edad avanzada, se convierten en una convocatoria a la mutua dependencia y a la indispensable solidaridad que vinculan a las distintas generaciones, en la medida en que cada persona necesita de los demás y se enriquece con los dones y carismas de todos".

En el pasado, parecía obvio que los hijos adultos rodearían naturalmente a sus padres de cuidado y atención. Según el Santo Padre, la familia cumplía entonces una forma básica de solidaridad intergeneracional, basada en varias etapas. Al principio, la solidaridad conyugal significaba que los cónyuges se comprometían a cuidarse mutuamente hasta el final de sus días. Después, esta solidaridad se extendió a la descendencia, porque la crianza de los hijos requiere un vínculo fuerte y duradero entre la madre y el padre. Por último, existía una solidaridad entre los hijos adultos y sus padres ancianos. ¿Sigue siendo así?

"En la actualidad, las relaciones entre generaciones están experimentando cambios significativos como consecuencia de diversos factores. En muchas áreas se ha producido un debilitamiento del vínculo matrimonial, que a menudo se percibe como un mero contrato entre dos individuos. Las presiones de una sociedad consumista pueden hacer que las familias desvíen su atención del hogar al lugar de trabajo o a diversas actividades sociales".

(Discurso a los Miembros de la Pontificia Academia de Ciencias Sociales, 30 de Abril 2004)

Hoy en día, la posición de los ancianos en la familia depende sobre todo de los valores reconocidos por la comunidad. Así, donde se valoran la experiencia y la sabiduría, las personas mayores son tratadas con cuidado, amabilidad y respeto. Por otro lado, donde se valoran la juventud y la productividad, las personas mayores son tratadas como una carga y empujadas a los márgenes de la vida social. Juan Pablo II estaba muy orgulloso de este primer grupo.

"Hay culturas que manifiestan una singular veneración y un gran amor por los ancianos: lejos de ser marginados de la familia o simplemente tolerados como una carga inútil, siguen estando presentes y participan de forma activa y responsable en la vida familiar, aunque respetando la autonomía de la nueva familia; sobre todo, cumplen la importante misión de ser testigos del pasado y fuente de sabiduría para los jóvenes y para el futuro"

(Familiaris consortio, 27)

El Santo Padre destacó que la exclusión de los ancianos de la vida social no sólo es fuente de sufrimiento para ellos, sino que empobrece espiritualmente a la familia moderna. Sostuvo que "el respeto y el amor a los ancianos, gracias a los cuales pueden -a pesar de sus fuerzas debilitadas- sentirse parte viva de la sociedad: son necesarios para el buen funcionamiento de la comunidad. Las personas mayores sirven a los jóvenes con su experiencia, consejo y sabiduría, y por ello, según el Papa, merecen no sólo su respeto, sino también su admiración. Incluso encontramos aquí una referencia al cuarto mandamiento de Dios: "honra a tu padre y a tu madre".

De acuerdo a Juan Pablo II:

"Honrar a las personas mayores implica un triple deber: acogerlas, ayudarlas y aprovechar sus cualidades. En muchos lugares esto ocurre casi espontáneamente, como resultado de una costumbre establecida desde hace mucho tiempo. (...) Las personas mayores pueden darte mucho más de lo que imaginas".

(Cartas a los ancianos, Vaticano, 1ro de Octubre 1999).

Así, según el Santo Padre, la reverencia hacia los ancianos debe manifestarse en la familia aceptando su presencia, ayudándoles y apreciando sus cualidades. Esto nos permite ver la sabiduría de los ancianos, de la que los jóvenes pueden beneficiarse como un tesoro de conocimiento y experiencia. En la carta arriba mencionada, el Papa escribía también que:

"Como afirma San Jerónimo, con el aquietamiento de las pasiones, [la vejez] "aumenta la sabiduría y trae consejos más maduros" (...) En cierto sentido, es la estación de esa sabiduría que generalmente proviene de la experiencia, ya que "el tiempo es un gran maestro".

Por lo tanto, Juan Pablo II señaló que la Iglesia de Cristo, en su enseñanza sobre la sabiduría de la vejez, recuerda también el papel sumamente valioso de las personas mayores en la familia. El señaló que:

"La Iglesia no puede ignorar el tiempo de la vejez, con todos sus aspectos positivos y negativos. En la vejez se puede profundizar en el amor conyugal, cada vez más purificado y ennoblecido por una larga e ininterrumpida fidelidad. Existe la oportunidad de ofrecer a los demás, bajo una nueva forma, la bondad y la sabiduría acumuladas a lo largo de los años, y las energías que quedan. (...) También existe el sufrimiento causado por la mala salud, por la pérdida gradual de fuerzas, por la humillación de tener que depender de otros, por la tristeza de sentirse tal vez una carga para los seres queridos y por la aproximación del final de la vida".

(Familiaris consortio 1981).

Según el Santo Padre, en la vejez se esconde la sabiduría de la vida, la riqueza de la experiencia y la sencilla madurez de un hombre que puede ver más.

"(...) La auténtica madurez intelectual siempre va mano a mano con la simplicidad. Esta última no consiste en una superficialidad de la vida y del pensamiento ni en la negación del carácter problemático de la realidad, sino en saber ir al corazón de cada pregunta y descubrir su sentido esencial y su relación con todo. La simplicidad es sabiduría".

(Homily, Vaticano, 23 de Octubre 1998)

Juan Pablo II explicó muchas veces el valor de los ancianos:

"Las personas mayores nos ayudan a ver los asuntos humanos con mayor sabiduría, porque las vicisitudes de la vida les han aportado conocimiento y madurez. Son los guardianes de nuestra memoria colectiva y, por tanto, los intérpretes privilegiados de ese conjunto de ideales y valores comunes que sustentan y orientan la vida en sociedad"

(Carta a los Ancianos, Vaticano, 1ro de Octubre 1999).

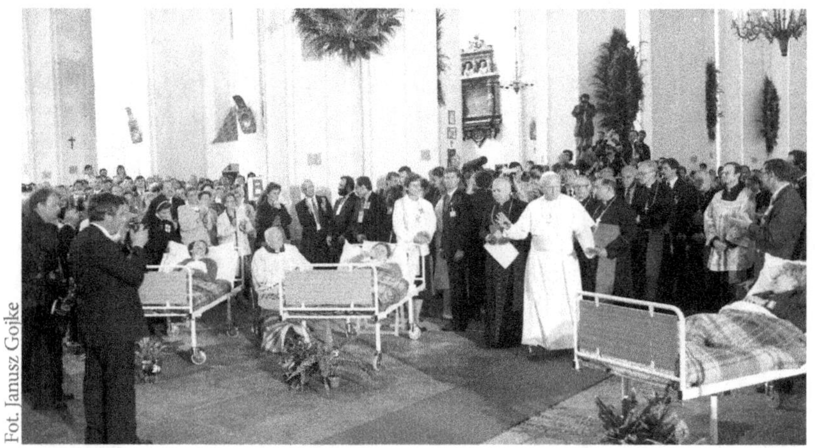

Parece obvio una vez que es señalado.

Norbet Pikula describe brillantemente en su disertación sobre "La Sabiduría Vital de las Personas Mayores como Paradigma Educativo para la Familia Moderna" - Al fin y al cabo, son la abuela y el abuelo quienes más a menudo enseñan las palabras de la paleta y proveen ayuda en la escolarización básica. Transmiten sus valores sagrados y moldean así las actitudes de los más jóvenes. Son un apoyo espiritual para sus hijos y nietos. Están encantados de contar tanto bonitos cuentos de hadas como historias reales de las que ellos mismos a menudo han sido testigos. Comparten sus conocimientos sobre las celebraciones familiares y nacionales, y mantienen las tradiciones de experimentar fiestas o fechas nacionales importantes en la vida de su patria. Son el testimonio vivo de la historia. Por eso, destacando la sabiduría de los ancianos, Juan Pablo II dijo a los mayores:

"Sois una bendición para el mundo. ¡Qué tan a menudo tenéis que socorrer a los padres jóvenes, qué bien podéis introducir a los pequeños en la historia de vuestra familia y de vuestra patria, en los relatos de vuestra nación y en el mundo de la fe! Los jóvenes acuden más a menudo a ti con sus problemas que a la generación de sus padres"
(Discurso a los Ancianos, Munich, 19 de Noviembre 1980).

"La vejez también tiene un papel adecuado en este proceso de maduración gradual a lo largo del camino hacia la eternidad. Y este proceso de maduración no puede sino beneficiar a la sociedad en general de la que forma parte la persona mayor".
(Carta a los Ancianos, Vaticano, 1ro de Octubre 1999)

Juan Pablo II señaló también que la relación entre los ancianos y la familia debe considerarse como un intercambio de regalos. Al igual que la familia es un verdadero "santuario de vida y amor", sus miembros son un regalo los unos para los otros.

De hecho, "la vida del envejecimiento ayuda a clarificar una escala de valores humanos: muestra la continuidad de las generaciones y demuestra maravillosamente la interdependencia del pueblo de Dios. Los ancianos tienen a menudo el carisma de llenar las brechas generacionales antes de que se produzcan: ¡cuántos niños han encontrado comprensión y amor en los ojos, las palabras y las caricias de los ancianos!".
(Familiaris consortio)

En cuanto a la relación entre los mayores y los jóvenes, el Santo Padre dijo también:

"Pueden servirles con su discreta y cordial amabilidad, sabiduría, comprensión, paciencia, buenos consejos, y sobre todo con su fe y sus oraciones"

Juan Pablo II destacó que la vejez no es una enfermedad, sino un período natural de la vida de toda persona.

"Me dirijo ahora a las personas mayores, a menudo injustamente consideradas como improductivas, cuando no directamente como una carga insoportable. Recuerdo a las personas mayores que la Iglesia les llama y espera que sigan ejerciendo su misión en la vida apostólica y misionera. Esto no es sólo una posibilidad para ellos, sino que es su deber, incluso en este momento de su vida en el que la misma edad ofrece oportunidades de algún modo específicas y básicas"

(Christifideles Laici 1988)

Según Juan Pablo II, la misión de los ancianos consiste esencialmente en dar testimonio "de los verdaderos valores cuyo significado va más allá de las apariencias y que perduran para siempre porque están inscritos en el corazón de cada hombre y avalados por la palabra de Dios". En su carta a los ancianos (1999), escribió que la peculiar tarea evangelizadora de los ancianos es el apostolado de la oración . El también cree que el privilegio de las personas mayores es el tiempo, pues ya no se distraen con numerosas actividades y pueden "fomentar una reflexión más profunda y un diálogo más duradero con Dios". Es el mismo tiempo al que está sujeto el hombre, que nace en él y luego fallece.

Tampoco hay nada nuevo en decir que el Santo Padre se identificó con las personas mayores durante casi todo el período de su pontificado. Destacó repetidamente su edad y su comprensión de los problemas de este grupo. Entre otras cosas, escribió lo siguiente:

"Al hablar a los ancianos, sé que hablo a y de personas que han hecho un largo recorrido (cf. Sb 4:13). Me dirijo a mis contemporáneos, por lo que puedo establecer fácilmente una analogía a partir de mi propia experiencia personal. Como persona mayor que soy, he sentido el deseo de entablar una conversación contigo. Lo hago, en primer lugar, agradeciendo a Dios los dones y las oportunidades que abundantemente me ha concedido hasta ahora. En mi memoria recuerdo las etapas de mi vida, que está ligada a la historia de gran parte de este siglo, y veo ante mí los rostros de innumerables personas, algunas particularmente queridas para mí: me recuerdan acontecimientos ordinarios y extraordinarios, momentos felices y situaciones tocadas por el sufrimiento. Pero, sobre todo, veo extendida la mano providente y misericordiosa de Dios el Padre, que "cuida de la mejor manera posible de todo lo que existe" y que "nos escucha siempre que pedimos algo según su voluntad" (1ra Jn 5:14)"

(Carta a los Ancianos, Vaticano, 1ro de Octubre 1999).

Sin embargo, toda la reflexión del Papa sobre la vejez se reduce a la gratitud:

"Hay muchas razones, pues, para dar gracias a Dios. Considerándolo todo, estos últimos años de nuestro siglo presentan un inmenso potencial para la paz y el progreso. De las mismas adversidades que ha vivido nuestra generación surge una luz que puede iluminar los años de nuestra vejez"

(Carta a los Ancianos, Vaticano, 1ro de Octubre 1999).

Haciendo referencia a las palabras del Santo Padre, Juan Pablo II, confirmadas por su experiencia, no sólo podemos aprender el sentido más profundo de la vejez y la misión insustituible de los mayores, sino también reforzar su relevancia social tanto en el ámbito familiar como en el social.

146

Desde la fuerza del testimonio de su palabra y de su vida, permanece el llamamiento a las personas y a las comunidades contemporáneas a alcanzar una afirmación creíble y auténtica de la dignidad del hombre en la vejez, y de los imperativos sociales que de ella se derivan.

Al igual que los niños son el futuro del mundo, los ancianos son la garantía de su permanencia y continuidad. Por tanto, cuidemos de ellos - cuidemos de nosotros mismos...

Un querido lema mío dice:

Una persona mayor es como un libro bellamente escrito. Cuando una persona muere, una biblioteca muere con ella.

Fot. Janusz Gojke

Algunas anécdotas más de la vida de San Juan Pablo II

Jaula de Cristal

El Papa estaba muy descontento con el hecho de que le llevaran de un lado a otro en una jaula de cristal. Esta idea fue defendida por una mujer Polaca que, habiendo tenido la oportunidad de hablar con Juan Pablo II en Cracovia, dijo:

'Pero esta jaula reduce el riesgo, después de todo. No podemos evitar sentirnos ansiosos por Su Santidad".

Yo también", sonrió el Papa, "estoy ansioso por mi santidad".

Me vuelvo infantil a tu alrededor

Durante una de sus visitas a las parroquias de Roma, el Papa, como era su costumbre, entabló conversación con los niños.

'Vosotros sois jóvenes y yo soy viejo', les dijo.

'No, usted no es viejo', protestaron en voz alta los niños.

'Lo soy, pero me vuelvo infantil cuando estoy con vosotros', respondió el Papa.

Llámame tío

Durante su primera visita a Estados Unidos, el Papa se reunió con la familia del Presidente Jimmy Carter. La nieta del presidente, que entonces tenía cinco años, con problemas para articular su saludo, repetía una y otra vez:

"Su Santidad, Su Santidad...".

El Papa, queriendo evitarle problemas a la niña, la cogió en brazos y le dijo:

"Llámame solamente tío".

El también fue maestro

Era la sesión de exámenes de invierno. Los alumnos esperaban al prof. Karol Wojtyla, que les iba a examinar de ética. Al cabo de dos horas, todos se fueron a casa, excepto un estudiante, un sacerdote que no había asistido a ninguna clase del profesor Wojtyla en todo el semestre, porque estaba viajando a Varsovia para asistir a exposiciones de pintura.

El sacerdote profesor vino directamente del tren retrasado a la sala de examen. Parecía muy joven y no resaltaba visualmente entre los sacerdotes estudiantes que eran sólo unos años más jóvenes que él. El sacerdote estudiante preguntó a K. Wojtyla, a quien nunca había visto antes:

- Oye hombre, ¿tú también estás aquí para el examen?

El cura estudiante empezó a lamentarse de la tardanza del examinador, y éste se dio cuenta enseguida de que la persona que esperaba no había asistido a sus clases. Se sentó a su lado e iniciaron una conversación de una hora relacionada con los problemas éticos que eran el tema de las clases. El sacerdote estudiante miró al Padre Wojtyla con admiración y le dijo:

'¡Hombre, estás tan bien preparado! Por favor, si viene el profesor, ¡no entres al examen antes que yo porque en comparación seguro que repruebo!".

De acuerdo -aceptó humildemente el padre Wojtyla-, pero dime sinceramente: ¿por qué no has ido a ninguna clase?

Sabe, la opinión general es que sus lecciones son muy difíciles e incluso abstractas, pero si tuviera el don de transmitir conocimientos como usted, le escucharía con el mayor placer".

"Muy bien, dame tu libro de registro", dijo el profesor.

El cura preguntó: "¿Me tomas el pelo?", y escuchó la respuesta:

"Yo soy Wojtyla".

Y el profesor le dio al aterrorizado estudiante su nota (4+), con la observación de que debería empezar a asistir a las clases el próximo semestre para formarse su propia opinión sobre el profesor. Con este

pequeño suceso, del que se enteraron inmediatamente los demás estudiantes, se ganó tal simpatía que la barrera del miedo ilusorio quedó superada para siempre.

El Papa no es un campeón olímpico

Los empleados del Vaticano no salían de su asombro ante el hecho de que el nuevo Papa no quisiera utilizar el atril papal, llamado sedia gestatoria.

'Sin la sedia gestatoria no se verá a Su Santidad, así que ¿qué tal alguna plataforma?', no se rindió el personal vaticano.

"No subiré a la plataforma, no soy un campeón olímpico", dijo Juan Pablo II con firmeza.

Fot. Andrzej J. Gojke

Trivia sobre Juan Pablo II

1. Karol Wojtyla fue el primer Papa no italiano desde 1522 y, por supuesto, el primer eslavo en ocupar el cargo de Papa. Fue Papa durante 26 años.

2. Karol Wojtyla llegó justo a tiempo para el cónclave en el que fue elegido Papa. Fue el último en entrar en la Capilla Sixtina, y hay que decir que, una vez cerradas las puertas, no se permite la entrada a nadie, ni siquiera a los cardenales.

3. Karol Wojtyla nació a la misma hora del día en que fue elegido Papa, es decir, entre las 5 y las 6 de la tarde, pero 58 años antes.

4. Juan Pablo II realizó 104 peregrinaciones al extranjero, 9 de ellas a Polonia. Visitó hasta 129 países del mundo y más de 900 ciudades y pueblos. Su gran sueño era peregrinar a la Rusia Ortodoxa y a China, pero nunca ocurrió.

5. Durante todos sus viajes al extranjero, Juan Pablo II recorrió más de 1.650.900 km, lo que equivale a dar 30 veces la vuelta a la Tierra (por el ecuador) y 3 veces la distancia entre la Tierra y la Luna.

6. Juan Pablo II era físicamente activo y le encantaban los deportes. Disfrutaba esquiando y andando en canoa, y le encantaba escalar montañas. En el primer año de su pontificado, pidió al Gobierno que construyera una piscina y renovara la cancha de tenis.

7. Juan Pablo II renunció al atril en el que hasta entonces habían sido transportados los Papas. Consideraba que era completamente innecesario, y él mismo no quería ser llevado en brazos.

8. Juan Pablo II rompió todos los estereotipos. Fue el primer Papa que asistió a un concierto de rock (en Bolonia). También fue el primer Papa que concedió audiencias a los medios de comunicación, que con el tiempo se transformaron en ruedas de prensa.

9. Juan Pablo II es famoso por haber introducido internet al Vaticano, una emprendimiento increíble antes inalcanzable para los habitantes de la ciudad del Vaticano.

10. El Papa también era una persona muy inusual, llevaba un reloj en la muñeca y leía sin lentes. A menudo bromeaba y hablaba de sus preferencias; por ejemplo, le gustaba mucho la tarta de nata de Wadowice, que solía

disfrutar con sus amigos después de su graduación de la escuela secundaria.

11. Juan Pablo II amaba mucho a los niños, siempre quiso que estos seres inocentes tuvieran una vida buena y decente. También fue el primer Papa que escribió una carta dirigida específicamente a los niños.

12. Juan Pablo II fue también el primer Papa que habló tantas idiomas extranjeros. Dominaba siete: Inglés, Alemán, Francés, Italiano, Español, Portugués, Polaco, Ruso, Ucraniano, Checo, Húngaro y Latín.

13. Durante su pontificado, Juan Pablo II beatificó a 1338 personas y canonizó a 487.

14. Juan Pablo II fue el 264º Papa en sucesión (contando desde San Pedro) en la historia de la Iglesia.

15. Juan Pablo II convocó 15 sínodos de obispos, que presidió personalmente, así como 6 consistorios extraordinarios de cardenales para tratar asuntos importantes. Realizó 14 encíclicas, 15 exhortaciones, 11 constituciones apostólicas y 45 cartas apostólicas, así como varias series de mensajes: Para la Jornada Mundial de la Paz (27), para la Jornada Mundial del Enfermo (13), la Jornada Mundial de la Juventud (20), la Jornada Mundial de los Medios de Comunicación Social (26), así como para Navidad, Cuaresma y Pascua. Además, pronunció varios ciclos de catequesis como parte de sus audiencias de los miércoles. Como Papa, también publicó 5 libros.

Juan Pablo II - Citas seleccionadas

A la crisis de civilización hay que enfrentarla con una civilización de amor

(Tertio Millennio adveniente, 1994)

Porque el hombre llega a ser verdaderamente él mismo al convertirse en un regalo gratuito de sí mismo

(Centesimus annus, 1991)

Un hombre debe ser medido por la medida de su corazón.
¡Su corazón! (...)
El hombre debe ser medido por la medida de la conciencia, por la medida de la disposición de su espíritu a Dios.

(1979)

Dios no duda del hombre.
Así que nosotros, como cristianos, tampoco podemos dudar del hombre, porque sabemos que el hombre es siempre más grande que sus errores y transgresiones.

(Carta apostólica para el 50 aniversario del inicio de la Segunda Guerra Mundial, 1989).

El hombre se realiza a través de su inteligencia y su libertad, y al hacerlo, las trata como objetos e instrumentos de las cosas de este mundo y se apropia de ellas.

(Centesimus annus, 1991)

Katarzyna Dorosz

El hombre que quiere comprenderse plenamente a sí mismo debe acercarse a Cristo, con su ansiedad, sus inseguridades, su debilidad y su pecaminosidad, con su vida y su muerte.

(Redemptor hominis, 1979)

De hecho, la mayor riqueza del hombre, junto con la tierra, es el hombre mismo.

(Cenesimus annus, 1991)

Que venga tu Espíritu y renueve la faz de la tierra.
¡Esta tierra!

(Homilía en la Plaza de la Victoria, 2 de junio de 1979)

El hombre moderno está amenazado por el adormecimiento espiritual,
e incluso la muerte de la conciencia.

¡No tengáis miedo, no os desaniméis! ¡Aventuraos en las profundidades!
No hay paz sin justicia,
No hay justicia sin perdón.

Cuando las cosas se ponen difíciles,
Cuando experimentes algún fracaso o decepción en tu vida,
Dejad que vuestros pensamientos se dirijan a Cristo
que te ama,
que es un compañero fiel
y que os ayuda en todas las dificultades.

Una familia fuerte en Dios
se convierte en la fuerza de una persona y de una nación.

Tened grandes expectativas de vosotros mismos, aunque los demás no pongan expectativas en vosotros.

El amor me lo ha explicado todo,
El amor lo ha resuelto todo -
por eso amo este Amor,
dondequiera que esté…

(del Salterio del Renacimiento)

Os estaba buscando, ahora me habéis encontrado.

Sois el futuro del mundo.
Sois la esperanza de la Iglesia.
Sois mi esperanza.

El cuidado de los hijos es la primera y fundamental prueba de
la relación del hombre con el otro.

Los ricos no son los que poseen, sino los que dan.

Sed portadores de la fe y la esperanza cristianas en este mundo,
Vivid en el amor cada día.
Sed testigos fieles de Cristo resucitado,
no retrocedáis ante los obstáculos que se interpongan en vuestro camino.
Cuento con vosotros. En vuestro entusiasmo
juvenil y devoción a Cristo.

Nunca ocurre que un hombre, al hacer el bien a otro,
 se convierta sólo en el benefactor.
 Está recibiendo al mismo tiempo un don,
otorgado con lo que el otro acepta con amor.
Intentemos actuar y vivir de esta manera,
 para que a nadie en nuestra Patria le falte un techo
sobre su cabeza y pan en la mesa,
 para que nadie se sienta solo y desamparado.

Vosotros sois jóvenes y el Papa es viejo y está un poco cansado.
Pero el aun se identifica con vuestras expectativas y esperanzas.
(en la Jornada Mundial de la Juventud, 28 de Julio de 2002)

El hombre no es sólo autor de sus actos,
sino que a través de estos actos, de alguna manera
se convierte también en su propio creador.

Pagas la libertad con todo tu ser
- así que llámala libertad
para que puedas, pagando este precio una y otra vez
y otra vez, ser tu propio amo.

(Memoria e Identidad)

Bibliografia

Materiały źródłowe:

Jan Paweł II, Adhortacja Familiaris Consortio, 1981
Jan Paweł II, Adhortacja Christifideles laici, 1988
Jan Paweł II, Adhortacja Ecclesia in Europa, 2003
Jan Paweł II, Encyklika Redemptor hominis, 1979
Jan Paweł II, Encyklika Centesimus annus, 1991
Jan Paweł II, Encyklika Veritatis Splendor, 1993
Jan Paweł II, Encyklika Evangelium vitae, 1995
Jan Paweł II, Homilia, Watykan, 1981
Jan Paweł II, Homilia, Wrocław 1983
Jan Paweł II, Homilia, Lyon, 1986
Jan Paweł II, Homilia, dla świata pracy, Gdańsk, 1987
Jan Paweł II, Homilia, Kielce, 1991
Jan Paweł II, Homilia, Skoczów, 1995
Jan Paweł II, Homilia, Kalisz, 1997
Jan Paweł II, Homilia, Legnica, 1997
Jan Paweł II, Homilia,Watikan, 1998
Jan Paweł II, Homilia, Łowicz, 1999
Jan Paweł II, Homilia, Sandomierz, 1999
Jan Paweł II, Homilia, Sopot, 1999
Jan Paweł II, Homilia, Stary Sącz, 1999
Jan Paweł II, Homilia, Watykan, 2000
Jan Paweł II, Kazanie podczas mszy sw.z okazji Jubileuszu Rodzin, 2000
Jan Paweł II, List apostolski Salvici doloris, 1984
Jan Paweł II, List apostolski z okazji 50 rocznicy wybuchu II wojny światowej, 1989
Jan Paweł II, List aposolski Tertio millennio adveniente, 1994
Jan Paweł II, List apostolski Mulieris dignitatem, 1994

Jan Paweł II, List apostolski Novo millennio inuente, 2001
Jan Paweł II, List do dzieci w Roku Rodziny, 1994
Jan Paweł II, List do Équipes Notre-Dame, 1997
Jan Paweł II, List do osób w podeszłym wieku, Watykan, 1999
Jan Paweł II, List do rodzin Gratissimam Sane, 1988
Jan Paweł II, List do uczestników II Światowego Zgromadzenia poświęconego problemom starzenia się ludzi, Watykan, 2002
Jan Paweł II, List do uczestników sesji plenarnej Papieskiej Akademii Nauk Społecznych, 2004
Jan Paweł II, List przesłany na IV Światową Konferencję ONZ poświęconą Kobiecie, 1995
Jan Paweł II, Miłość jest darem z samego siebie. Rozważanie przed modlitwą niedzielną, 1994
Jan Paweł II, Musicie od siebie wymagać, „Miłujcie się" 2005, Nr 3
Jan Paweł II, Orędzie na XXVIII Światowy Dzień Pokoju, Watykan, 1994
Jan Paweł II, Przemówienie do młodzieży akademickiej zgromadzonej przed kościołem św. Anny, 1979
Jan Paweł II, Przemówienie podczas spotkania z młodzieżą, Jasna Góra, 1983
Jan Paweł II, Przemówienie do ludzi starych, Monachium, 1980
Jan Paweł II, Przemówienie do uczestników zgromadzenia plenarnego Papieskiej Rady ds. Rodziny, 1999
Jan Paweł II, Przemówienie z okazji Jubileuszu Rodzin, 2000
Jan Paweł II, Przemówienie podczas beatyfikacji Marii i Alozjego Quattrocchi, 2001
Jan Paweł II, Przemówienie do uczestników konferencji ACLI, 2002
Jan Paweł II, Przemówienie podczas Światowych Dni Młodzieży, 2002
Jan Paweł II, Przemówienie Papieża do uczestników zgromadzenia plenarnego Papieskiej Rady ds. Rodziny, 2004
Jan Paweł II, Rozważanie, 2000
Jan Paweł II, Rozważanie, 2002
Jan Paweł II, Teologia małżeństwa, Katechezy wygłoszone przez papieża w czasie audiencji środowych w latach 1979-1984, http://www.madel.jezuici.pl/ rodzina/Jan-Pawel-II-Teologia-malzenstwa.html
Paweł VI, Encyklika Humanae vitae, 1968

Paweł VI, Konstytucja duszpasterska Gaudium et spes, 1965
Sobór Watykański II, Konstytucja dogmatyczna Lumen gentium, 1964

Literatura przedmiotu:

Bronk K., *Franciszek potwierdza nauczanie Jana Pawła II o rodzinie*, Vatican News, 31.10.2019, https://www.vaticannews.va/pl/papiez/news/2019-10/pa piez-franciszek-jan-pawel-ii-rodzina-
-nauczanie.html
Bujak A., Wojtyła K., *Renesansowy psałterz*, Kraków 1999
Brzeziński M. (Ks.), O *czci i szacunku wobec ludzi starszych na kanwie listu do osób w podeszłym wieku Jana Pawła II*, „Roczniki Nauk o Rodzinie i Pracy Socjalnej" 2012, Nr 4 (59)
Chmielewski M. (Ks.), *Duchowość według Jana Pawła II. Studium na podstawie encyklik i adhortacji*, Lublin 2013
Chmielewski M. (Ks.), *Medytacyjny wymiar „Geniuszu kobiety". Refleksja nad Listem apostolskim „Mulieris dignitatem"*, „Ateneum Kapłańskie" 1994, Nr 86
Kroczek P. (Ks.), *List do rodzin Gratissimam Sane jako wskazówka dla prawodawstwa państwowego*, Kraków 2015
Kupczak P., *Wolność osoby ludzkiej według Karola Wojtyły – Jana Pawła II*, „Teologia w Polsce" 2011, Nr 5, 1
Lubowicki K., *Duchowość małżeńska w nauczaniu Jana Pawła II*, Kraków 2012
Pikuła N., *Mądrość życiowa osób starszych paradygmatem wychowawczym współczesnej rodziny*. W: B. Balogová (red.), *Elan vital v priestore medzigeneracnych vztahov*, Presov 2010
Opiela M., *Jan Paweł II słowem i życiem o starości i posłannictwie osób w podeszłym wieku*, Rozprawy Społeczne 2015, Nr 4 (IX)
Półtawska W., *By rodzina była Bogiem silna*, Częstochowa 2003
Przygoda W. (Ks.), *Formacja apostolska ludzi w podeszłym wieku*, „Legnickie Studia Teologiczno-Historyczne Perspectiva" 2009, Nr 1 (14)
Syczewski Tadeusz (Ks.), *Myśl Jana Pawła II o małżeństwie i rodzinie*, Materiały dla studentów, https://www.kul.pl/files/1418/materialy_na_zajecia/syczewski/ mysl_jana_pawla_ii_o_malzenstwie-
i_rodzinie.doc+&cd=1&hl=pl&ct=clnk&gl=pl

Szymecki S. (Abp), *Jan Paweł II*, „Czas Miłosierdzia" 2003, Nr 6
Wojtyła K. (Kard.), Osoba i czyn oraz inne studia antropologiczne, Lublin 2019
Wuwer A. (Ks.), Drogi Kościoła prowadzą do człowieka, „Gość Niedzielny" 2001, Nr 29
Syczewski Tadeusz (Ks.), Myśl Jana Pawła II o małżeństwie i rodzinie, Materiały dla studentów, https://www.kul.pl/files/1418/materialy_na_zajecia/syczewski/ mysl_jana_pawla_ii_o_malzenstwie-i_rodzinie.doc+&cd=1&hl=pl&ct=clnk&gl=pl
Szymecki S. (Abp), Jan Paweł II, „Czas Miłosierdzia" 2003, Nr 6
Wojtyła K. (Kard.), Osoba i czyn oraz inne studia antropologiczne, Lublin 2019
Wuwer A. (Ks.), Drogi Kościoła prowadzą do człowieka, „Gość Niedzielny" 2001, Nr 29

Consulta y corrección sustantiva:
Katarzyna Królewicz-Gorzelańczyk

Traducción:
Maria Mejia-Ng

Composición gráfica del libro:
Łukasz Bieszke

Portada AKSiM

Fotos:
Andrzej J. Gojke, Janusz Gojke,
Archivos Digitales Nacionales,

El cuadro de la 2ª cara es del pintor Robert Kraszewski

ISBN - 979-8-2182-6990-6

Indice
de Contenidos

Fot. Janusz Gojke

Este libro "La civilización del amor" está dedicado a todas mujeres, hombres y familias y consagra las palabras del Papa Juan Pablo II, que en sus encíclicas nos muestra a todos lo verdaderamente importante que es nuestro papel como parte de la humanidad en el mundo contemporáneo. Específicamente, se analizan los papeles de la esposa y el esposo, el hombre y la mujer, el matrimonio y la familia, los cambios en los roles de la edad, todos son analizados y se ofrece una perspectiva invaluable.

¿Qué es la "Familia llena de Amor"? ¿Cuál es la dirección que cada familia debe seguir?

Estas son las preguntas candentes que Juan Pablo II responde con gran claridad para nosotros. El Papa Juan Pablo II escribió prolíficamente, y yo he tenido que leer 15.000 páginas, libros, encíclicas, biblias, para presentarles un pequeño fragmento de una maravillosa historia de Amor que surge en relación con el hombre, la mujer, el matrimonio, la familia, los niños y los ancianos.

He intentado no perturbar la elocuente prosa de Juan

Pablo II, sino más bien ilustrar, presentar y resumir. Los

Los pensamientos y escritos son enteramente del Papa Juan Pablo II. Yo no los he alterado en modo alguno.

A nivel personal, escribí este libro después de un grave accidente automovilístico, como testimonio de mi fe y de mi amor a Dios.

El 26 de marzo de 2021, me detuve desprevenidamente en un semáforo en una intersección de carreteras de mi ciudad.

Saqué unas hostias del bolso y coloqué una foto de Juan Pablo II en el asiento del pasajero a mi lado.

Dos minutos más tarde, mi coche fue violentamente golpeado y chocado por detrás por un conductor ebrio que circulaba a gran velocidad y que no vio el semáforo en rojo o que yo estaba estacionada en frente.

El coche estaba tan aplastado que fue chatarrizado para metal. La bolsa de aire del coche no se desplegó, pero gracias a Dios porque me habría asfixiado.

No pude caminar durante más de 6 meses y la rehabilitación duró un año y medio. Mientras estaba en cama sintiéndome impotente, leía las obras de Juan Pablo II en busca de inspiración. Llena de gratitud también por el hecho de que mi lesión en la columna vertebral podría haber sido mucho peor: un milímetro más y mi columna vertebral habría quedado dañada permanentemente de tal forma que no habría podido caminar. Tales acontecimientos obligan inevitablemente a contemplar la propia existencia.

Todo este suceso me ha hecho darme cuenta como nunca antes de lo frágil que es la vida humana. Al fin y al cabo, sólo estamos aquí por un breve espacio de tiempo en nuestra existencia pasajera. Llenos de amor a Dios, no podemos sino intentar cumplir los mandamientos de Dios, evolucionando así cada vez más hacia su perfección.

Durante toda mi vida, como muchos otros, en realidad he estado trabajando y preparándome simultáneamente para salir al encuentro del Señor. Y ahora oro querido lector, que Dios te proteja siempre a ti y a tu familia. Por favor, acepte esta pequeña muestra de mi afecto, y este regalo de visión divina del Papa para nosotros.

Toma de ella lo que necesites para ti, y sin duda serás testigo, del hermoso cambio que resulta,

y te lleva cada vez más cerca de Dios - Con Amor de mi Corazón
y con la Gracia eterna de Dios....

Katarzyna Dorosz